Ästhetische Erziehung in der Grundschule

Integration der Fächer Kunst/Musik/Sport

Beiträge zur Reform der Grundschule – Band 69

Herausgeber: Dieter Haarmann

Umschlagfoto: Kinder eine Blase aufpustend, GOYA Prado Madrid

Klaus Matthies/Manfred Polzin/Rudolf Schmitt (Hrsg.):

Ästhetische Erziehung in der Grundschule

Integration der Fächer Kunst/Musik/Sport

Arbeitskreis Grundschule e. V. – Frankfurt am Main

3., unveränderte Auflage 1994

Frankfurt am Main
Druck und Bindung:
Druckhaus Beltz, 69502 Hemsbach
ISBN 3-930024-15-2

Inhalt

"Das Ziel der Ästhetik ist die Vervollkommnung der sinnlichen Erkenntnis."

(ALEXANDER GOTTLIEB BAUMGARTEN, 1750)

Einführung

Der vorliegende Band ist der erste aus der Schriftenreihe "Beiträge zur Reform der Grundschule", in dem das gewiß nicht unkomplizierte Feld der ästhetischen Erziehung bearbeitet wird. In den siebziger Jahren gab es zwar zwei Bände zum Musikunterricht, jedoch Kunst und Sport blieben bisher ausgespart, ein Mangel, der von Mitgliedern des Arbeitskreises Grundschule nicht selten beklagt wurde. Nun kommt ein Band, der allen drei Fachgebieten gewidmet ist, allerdings nicht additiv, sondern integrativ, verklammert im Konzept des *Lernbereichs*, das der Arbeitskreis Grundschule in vielen seiner Publikationen vertritt:

"Der Begriff der 'Lernbereiche', mit dem ein vernünftiger Mittelweg gewiesen wird zwischen der Willkür eines verschwommenen Gesamtunterrichts und der Enge leistungsstrenger Fachlehrgänge – ein Mittelweg, der die Vorzüge erlebnisgestützten, überfachlichen und erkenntnisbezogenen fachlichen Lernens bei Vermeidung ihrer jeweiligen Nachteile verbinden könnte: Lernbereiche als eine Brücke kindlichen Lernens zwischen Wirklichkeit und Wissenschaft." (DIETER HAARMANN im Vorwort zum Arbeitskreis-Band S 25/26 von KARLHEINZ BURK: "Grundschule: Kinderschule oder Vorschule der Wissenschaft". Umrisse einer Lernbereichsdidaktik. Frankfurt/M. 1976).

In diesem Band soll also nicht nur der längst fällige Beitrag der Schriftenreihe zur Theorie und Praxis der ästhetischen Erziehung geleistet werden, vielmehr soll gleichzeitig am konkreten Fall der fächerintegrierende Charakter einer Lernbereichsdidaktik für den Primarbereich demonstriert werden.

Konkrete Ansätze hierzu sind in der Bundesrepublik nicht zu übersehen: Der neue Grundschullehrplan Baden-Württembergs belegt dies ebenso wie die neue Fassung der Richtlinien Nordrhein-Westfalens. An vielen Hochschulen gibt es Versuche, künftige Grundschullehrerinnen und -lehrer in den Fächern Kunst, Musik und Sport integrierend auszubilden. Wenn für diesen Band das Beispiel Bremens ausgewählt wurde, dann vor allem deswegen, weil in der Primarstufenausbildung der Universität Bremen die Bemühungen um eine Integration der Fächer Kunst/Musik/Sport zu einem Lernbereich am weitesten fortgeschritten zu sein scheinen, nicht nur in der Ausbildung, sondern auch in der *schulpraktischen Erprobung und Auswertung.* Auch die Länge des Erprobungszeitraums spricht für Bremen: Seit zwölf Jahren besteht an der Universität Bremen – fest verankert in der Prüfungsordnung für Lehramtskandidaten – eine praxisbezogene integrierende Ausbildung in den Fächern Kunst / Musik / Sport ausdrücklich unter dem Konzept des Lernbereichs. – Gibt es diese Ausbildung wirklich? Inwieweit ist die Umsetzung in die schulische Praxis gelungen?

Der vorliegende Band enthält den Versuch einer Antwort. Er ist Rechenschaftsbericht und Programmentwurf in einem. In seinem praktischen Teil dokumentiert dieser "Beitrag zur Reform der Grundschule", wie die Integration der Fächer Kunst, Musik und Sport im Rahmen des Bremer Projektstudiums ansatzweise an Grundschulen verwirklicht wurde – obwohl in Bremen wie in allen anderen Bundesländern diese drei Fächer laut Lehrplan getrennt unterrichtet werden. Der theoretische Teil ist programmatischer Entwurf, Leitfaden zwar der geschilderten Praxis, aber gleichzeitig provozierend und diskussionswürdig.

Allein die Wahl des zentralen Begriffs *ästhetische Erziehung* als integrative Klammer gleicht einem Aufruf zum Disput, ist dieser Begriff doch vielfach besetzt und vorbelastet, bedrohlich für die Eigenständigkeit der drei Fächer bzw. vorteilhaft auf Kosten der anderen für eines der drei. Anknüpfend an die ältere Tradition der Philosophie der Ästhetik sollen zwei defizitive Vorstellungen von Ästhetik vermieden werden, wie sie gerade im Zusammenhang mit Erziehung und Bildung historisch wirksam wurden: die antirationale, ideologisch befrachtete "musische Bildung", geboren aus der Reformpädagogik der 20er Jahre, benutzt durch den Nationalsozialismus, unreflektiert fortgeschrieben in der restaurativen Zeit nach dem Zweiten Weltkrieg; ebenso die durch einen neuen Aufklärungsschub in den 60er Jahren eingeleitete fachliche Verengung der "ästhetischen Erziehung" auf die bildende Kunst mit ihrer Überpointierung des Visuellen.

"Vervollkommnung der sinnlichen Erkenntnis" – diese oberste Zielsetzung des Begründers der neuzeitlichen Philosophie der Ästhetik (ALEXANDER GOTTLIEB BAUMGARTEN, Aesthetica, 1750, § 14) ist die Leitlinie einer ästhetischen Erziehung, wie sie in diesem Buch entwickelt wird. Alle Sinne sind betroffen, die gesamte Körperlichkeit gemeint, wenn nach dem Feld gefragt wird, auf das sich ästhetische Erziehung bezieht. Sinnestätigkeit ist Erkenntnistätigkeit, produktiv und reproduktiv, Fundament aller Verstandestätigkeit ("nihil est in intellectu, quod non prius fuerit in sensibus" – "Nichts ist im Verstand, was nicht vorher in den Sinnen gewesen ist", alte scholastische Weisheit), zugleich aber auch ihre Überhöhung und Vollendung; *"denn was bedeutet die Abstraktion anderes als einen Verlust?"* (Quid enim est abstractio, si iactura non est?" BAUMGARTEN a.a.O., § 560), einen Verlust, der durch die Beachtung der Details, wie sie nur über die Sinne möglich ist, wettgemacht werden muß.

"Vervollkommnung der sinnlichen Erkenntnis", das ist wahrhaftig ein Erziehungsprogramm, das Kinder dort abholt, wo sie in ihrer Entwicklung zu finden sind: mitten in einer Flut von Sinneseindrücken, die aus der unmittelbaren Umwelt auf die Kinder eindringen, die die Kinder verarbeiten müssen, mit denen sie fertig werden müssen, die sie gestalten müssen. ROUSSEAU wird nicht müde, in seinem "Emile" wieder und wieder die Bedeutung der Sinnestätigkeit im Leben des heranwachsenden Kindes zu betonen:

"Die Sinne sind die ersten Fähigkeiten, die sich in uns ausbilden und vervollkommnen. Sie sollten am ersten gepflegt werden. Dennoch vergißt man gerade sie und vernachlässigt sie am meisten. Die Sinne üben heißt nicht nur sie gebrauchen, sondern lernen, mit ihrer Hilfe richtig zu urteilen, ja sogar zu fühlen. Denn wir können weder tasten noch sehen und hören, wenn wir es nicht gelernt haben." (JEAN-JACQUES ROUSSEAU, Emile oder Über die Erziehung, Paderborn 1981, S. 119)

Und noch etwas finden wir bei ROUSSEAU, etwas, was wir heute durchgängig für den Grundschulunterricht propagieren: die Orientierung am bedeutsamen Thema. Emile übt seine Sinne nicht an formalen Elementen, sondern im Umgang mit Lebewesen und Dingen, die für ihn wichtig sind: Tiere und Masken (S. 40), Pflanzen von Bohnen (S. 78), Schenken von Sachen, die für ihn wertvoll sind (S. 84), echte Spiele, die auch Schmerz bereiten (S. 117), nächtliche Spiele, in denen er die Angst überwindet (S. 121 –126) usw. usw. Dieses Prinzip eines *themenzentrierten Lernens* gilt sicherlich nicht nur für die ästhetische Erziehung; jeder Grundschulunterricht, ob Sachunterricht, ob Sprachunterricht oder Mathematikunterricht wird sich an diesem Prinzip messen lassen müssen. Bei der Integration der Fächer Kunst, Musik und Sport ist die Wahl einer konkreten, erregenden Thematik jedoch unabdingbar, wenn die Integration gelingen soll. Begründet ist diese Ausschließlichkeit im spezifischen Charakter der Ästhetik, *ihrer Orientierung am Individuellen*: das möglichst vollständige und allseitige Erfassen und Gestalten des Konkreten, wie es nur über alle Sinne und mit Hilfe des ganzen Körpers, besonders der Hände, möglich ist. So gipfelt denn auch BAUMGARTENs Aufruf an den Ästhetiker in den emphatischen Sätzen:

"Wer schön denken (begreifen) will . . . soll sich schließlich individuelle Themen auswählen, in denen die materiale Vollkommenheit der Wahrheit vorherrscht. Diese individuellen Themen sollen mit einer außerordentlichen Menge von Einzelmerkmalen umhüllt werden. . . (dabei sollen) folgende Forderungen erfüllt werden: die gedrängte, aber fein abgerundete Fülle, die bald absolute, bald relative anmutige Würde, die materiale Vollkommenheit der Wahrheit selbst, die geschmackvolle Lebhaftigkeit und der für die Meditation unerläßliche Glanz, die ins Innere dringende Überzeugungskraft, vor allem auch die Lebendigkeit und die erfreuende und erschütternde Wirkung . . . " (BAUMGARTEN, a.a.O., § 565; zitiert nach HANS RUDOLF SCHWEIZER: Ästhetik als Philosophie der sinnlichen Erkenntnis, Basel 1973, S. 247).

So beginnt denn der **erste, der konzeptionelle Teil** des vorliegenden Bandes mit einem Beitrag, in dem das Individuelle, das Konkrete als das Bewegende in der ästhetischen Erziehung theoretisch aus dem Zusammenspiel von Emotion und Kognition begründet wird (RUDOLF SCHMITT). Es folgt eine ausführliche Abhandlung, in der KLAUS MATTHIES aufweist, weshalb die Schulfächer KUNST/ MUSIK / SPORT für die Grundschule in einen Lernbereich ÄSTHETISCHE ERZIEHUNG integriert werden sollen. Er zeigt das vielfältig Gemeinsame der Künste, ohne daß das jeweilige Spezifische verlorengehen darf. Was verbindet Kunst und Musik und Sport? "Einheit der Sinne", "Bewegung und Bewegtheit", "Inszenierung" – das sind Schlüsselbegriffe, die dem Leser allmählich das Verbindende erschließen. Maßstab für das Gelingen dieser Integration der Künste ist die "Zusammenführung von ästhetischer Praxis mit Lebensorientierung". Was das für die Grundschule im einzelnen heißt, wird am Ende des Artikels in einem "Kanon von Aufgaben" der ästhetischen Erziehung erläutert.

In drei weiteren Beiträgen wird der jeweilige Anteil der drei Bezugsfächer Kunst und Musik und Sport an einer integrierenden Ausbildung für den Lernbereich

Ästhetische Erziehung bestimmt und hervorgehoben. Das geschieht ebenso sinn- wie sinnesbezogen für die bildende Kunst in einem Aufsatz von MATTHIAS DUDERSTADT, das gleiche leistet HEINZ LEMMERMANN für die Musik, während MANFRED POLZIN den Anteil des Sports — demonstriert an drei Beispielen — ins Spiel bringt. Alle drei Aufsätze zeigen, daß ästhetische Erziehung keineswegs auf die spezifischen Anteile der Bezugsfächer verzichten kann, daß es aber gleichzeitig viele Berührungspunkte, Verbindungslinien und Überschneidungen zwischen den Fächern gibt, die den Verzicht auf einen integrierenden Lernbereich Kunst/Musik/Sport für die Grundschulen absurd erscheinen lassen. Wer sich als Lehrender auf das Abenteuer "Integration der Künste" einlassen will, findet in diesen drei Aufsätzen manche Anregung.

Im **zweiten Teil** des Buches kann der Leser an Praxisbeispielen selbst überprüfen, ob das Konzept einer fächerübergreifenden und fächerintegrierenden ästhetischen Erziehung im Grundschulunterricht eine Chance hat. Einführend beschreiben MANFRED POLZIN und KLAUS MATTHIES den Ausbildungskontext, in dem die nachfolgenden Unterrichtseinheiten entstanden sind. Diese Einführung gibt gleichzeitig didaktisch-methodische Hinweise, wie man sich als Lehrende(r) selbst auf die Durchführung Kunst/Musik/Sport integrierender Unterrichtseinheiten vorbereiten kann bzw. wie die Kinder in der Klasse eingestimmt werden können. Am deutlichsten demonstrieren es die aus dem Bremer Ausbildungsprojekt PHANTASIE UND PRAXIS hervorgegangenen Unterrichtseinheiten selbst, wie man's macht, wenn man als bildende/r Künstler/in singt und turnt, als Musiker/in malt und springt und als Sportler/in modelliert und flötet. Eine große Rolle spielen in allen Unterrichtseinheiten Masken und Verkleidungen. Das war wohl ursprünglich nicht so geplant. Verantwortlich für diesen Trend ist vermutlich zum einen das Rahmenthema mit dem Stichwort "Phantasie", zum andern könnte sich in dieser Tendenz auch eine grundsätzliche didaktische Kategorie der ästhetischen Erziehung offenbaren: das Darstellende Spiel, die "Inszenierung", das Schlüpfen in Rollen, das phantasievolle Gestalten der Wirklichkeit als integrative Äußerungsform ästhetischen Tuns.

Zum Abschluß dieser Einführung ist darauf hinzuweisen, daß es nicht nur an der Universität Bremen Bemühungen um eine integrierende Ausbildung in den Fächern Kunst, Musik, Sport gibt. Ganz intensiv sind diese Bemühungen seit einigen Jahren an den Pädagogischen Hochschulen Baden-Württembergs. Sie haben dort zur Konstitution eines eigenen Ausbildungsbereiches geführt, der bereits in den Prüfungsordnungen seinen Niederschlag gefunden hat (Musisch-ästhetischer Gegenstandsbereich, genannt MÄG (vgl. u.a. EVA BANNMÜLLER: Ästhetische Aspekte des Bewegungshandelns, in: Ästhetische Erziehung in der Primarstufe, hrsg. von M. POLZIN, Bremen 1986, S. 50 — 66; vgl. auch die Zeitschrift GRUNDSCHULE, Hefte 5/1984, S. 19ff. und 11/1986, bes. S. 19).

Ähnliche Bemühungen gibt es übrigens am Deutschen Institut für Fernstudien (DIFF) an der Universität Tübingen, wo ein neues Fernstudienprojekt mit dem Titel "Musische und Ästhetische Erziehung in der Grundschule" (INGE BRENNER/GERHARD SCHNEIDER) entwickelt werden soll. Ansätze gibt es auch an anderen Hochschulorten der Bundesrepublik (z.B. Frankfurt/M., Osnabrück).

In diesem Band geht es nicht um eine Dokumentation der verschiedenen Ansätze zur ästhetischen Erziehung innerhalb und außerhalb des Gebietes der Bundesrepublik. Vielmehr sollte der Versuch gewagt werden, eine in sich schlüssige und zumindest in der Ausbildung praktizierte Konzeption der ästhetischen Erziehung für die Grundschule vorzustellen und in ihren Realisierungsmöglichkeiten zu überprüfen. Kritische Stimmen und weitere Anregungen sind erwünscht.

Rudolf Schmitt

ERSTER TEIL

Lernbereich „Ästhetische Erziehung“ – Begründung und Zugänge

Rudolf Schmitt

Das Zusammenspiel von Kognition und Emotion in der ästhetischen Erziehung

"Aesthetic: Dieses Wort kommt aus dem Griechischen von αισθητική , welches schmackbar bedeutet; da aber der Geschmack zu den untern und sinnlichen Erkenntniskräften gehöret, so hat man die Bedeutung ausgedehnet, und versteht unter der Aesthetic eine Wissenschaft, welche von den untern Erkenntniskräften, oder von der sinnlichen Erkenntnis überhaupt handelt . . . Man pflegt solche von der Logic auf die Art zu unterscheiden, daß letztere mit Ausbildung der obern Erkenntniskräfte, Verstand und Vernunft zu thun habe, die Aesthetic aber beschäfftige sich bloß mit Ausbesserung der Sinne, des Sinnlichen, wohin auch die Einbildungskraft und deren Wirkungen u.s.w. gehöret." (JOHANN GEORG WALCHs philosophisches Lexicon, Leipzig 1775, Spalte 83)

In diesen holzschnittartigen Sätzen, die im wesentlichen die Lehre des ALEXANDER GOTTLIEB BAUMGARTEN (1714 – 1762) zusammenfassen und die noch vor KANT und SCHILLER aufgeschrieben wurden, steckt schon die Antinomie, die auch heute noch die Kontroversen um die Ästhetik und damit auch um die ästhetische Erziehung bestimmt. Ich spreche von der Unterscheidung zwischen den "untern und den obern Erkenntniskräften", welche gleichzeitig ein Werturteil enthält, denn nur das Sinnliche, wozu auch die Einbildungskraft zählt, die Phantasie also, bedarf der Ausbesserung. Mit Hilfe des Geschmacks kann man nur das "Schmackbare" feststellen, ob es angenehm oder unangenehm schmeckt, niemals aber, ob etwas wahr oder falsch ist, nicht einmal ob gut oder böse, eben nur schön oder häßlich – und das ist ein subjektiver Eindruck, der sich nicht verallgemeinern läßt. – Und doch wird auch das Schmecken mit den Sinnen als Erkenntnis bezeichnet. Müßte es dann nicht doch möglich sein, mit Hilfe der Sinne eine Antwort auf die Wahrheitsfrage zu finden, die, subjektive Willkür überschreitend, intersubjektiv nachprüfbar, ja noch weiter, die Wahrheitsfindung überhaupt erst ermöglichend, unverzichtbarer Anteil jeglicher Erkenntnis ist?

Eine Antwort auf diese Frage scheint möglich zu sein, wenn das Zusammenspiel von Kognition und Emotion näher analysiert wird, wie es etwa JEAN PIAGET in seiner Pariser Vorlesung "Les relations entre l'intelligence et l'affectivité dans le développement de l'enfant" (1953/54) getan hat.

Für PIAGET sind Emotion – oder wie er es nennt: "Affektivität" und Kognition – in seiner Terminologie "Kognitivität" – zwei Aspekte einer untrennbaren Einheit. Seine Grundthese lautet: *"Man findet niemals ein affektives Stadium ohne kognitive Elemente, noch das Umgekehrte."* (S. 145)

Was das näherhin heißt, erläutert PIAGET mit folgenden Worten:

"Man muß klar zwischen den **kognitiven Funktionen** (die von der Wahrnehmung über die sensomotorischen Funktionen bis hin zur abstrakten Intelligenz mit ihren formalen Operationen reichen), – und den **affektiven Funktionen** unterscheiden. Wir unterscheiden diese zwei Funktionen, weil sie uns von Natur aus verschieden zu sein scheinen, aber im konkreten Verhalten des Individuums sind sie untrennbar. Es ist unmöglich, ein Verhalten zu finden, das allein der Affektivität ohne kognitive Elemente angehört, und umgekehrt." (S. 144)

Durch eine breite Palette von Beispielen unterstreicht PIAGET, wie umfassend seine theoretische Grundaussage gemeint ist: Jedes Verhalten eines jeden Lebewesens – ohne Ausnahme – wird gleichzeitig von beiden Aspekten bestimmt. Analytisch lassen sich die beiden Aspekte in ihrer jeweiligen Eigenart unterscheiden, real sind sie untrennbar. Es gibt kein rein kognitives Verhalten ohne affektive Tönung; es gibt keine rein affektive Tönung oder Gefühlslage ohne irgendwelche kognitiven Elemente. Die Radikalität dieser Aussage erlaubt nun auch eine exakte Definition der jeweiligen Eigenart der beiden Aspekte.

"Kognitiv" an einem Verhalten ist alles, was sich als *Element* unterscheiden läßt, oder – wie die geläufigere Formel bei PIAGET lautet – alles, was die *Struktur* eines Verhaltens ausmacht. Zur Struktur zählen die wahrgenommenen Instinktauslöser, der Saugreflex des Säuglings, das Erkennen von Farben und Formen ebenso wie die komplexeren Fertigkeiten des logischen Denkens.

"Affektiv" an einem Verhalten ist die *Energie*, die dafür sorgt, daß es überhaupt zum Verhalten kommt. Sie kann in positiver oder negativer Richtung wirken. Angezogensein oder Abgestoßensein, Lust oder Unlust, Interesse oder Desinteresse, Sympathie oder Antipathie, Zuneigung oder Abneigung sind gegensätzliche Begriffspaare, die das Charakteristische des affektiven oder – wie PIAGET manchmal sagt – des *energetischen* Aspekts beschreiben. Es ist also nur die *positiv oder negativ gerichtete Intensität* eines Verhaltens, die durch die analytisch gemeinte Kategorie der Affektivität erfaßt werden soll. Im tatsächlichen Verhalten gibt es Affektivität selbstverständlich nur in Verbindung mit kognitiven Elementen, wie auch umgekehrt – und das scheint manchen weit weniger selbstverständlich – kognitive Elemente nur in Verbindung mit Affektivität auftreten können.

– Der affektive bzw. emotionale Aspekt beinhaltet die *gerichtete Intensität* eines Verhaltens.
– Der kognitive oder strukturelle Aspekt beinhaltet die *Differenziertheit* eines Verhaltens.

Bis jetzt habe ich sozusagen den status quo beschrieben, eine Art Momentaufnahme des menschlichen Verhaltens gemacht. Was uns aber als Erzieher und Lehrer ganz besonders interessiert, ist die Frage: Wie kommt es zu Veränderungen im menschlichen, im kindlichen Verhalten, wie kommt die Dynamik in diese affektiv-kognitive Konzeption? "Handeln" ist der Schlüsselbegriff, der uns an dieser Stelle weiterhilft. PIAGETs Konzept vom aktiven Subjekt, das sich handelnd seine Umwelt erobert, impliziert eine Antwort, die eine nähere Betrachtung wert ist.

Für PIAGET gehört Leben und Handeln zusammen. Das menschliche Subjekt entwickelt sich, indem es sich unaufhörlich handelnd mit seiner Umwelt auseinandersetzt. PIAGET deutet jede menschliche Aktivität als *Adaptions*vorgang zwischen Subjekt und Umwelt. Die menschliche Genese von der Geburt bis ins Erwachsenenalter ist für PIAGET eine unaufhörliche Folge von Gleichgewichtsstörungen, die das Subjekt dazu antreiben, immer differenziertere Verhaltensweisen auszubilden, mit deren Hilfe die Auseinandersetzung mit der Umwelt immer angemessener gelingt. Typische Stadien dieser Entwicklung (Sensomotorik, konkrete Operationen, formale Operationen) unterscheiden sich durch die Qualität und das Zusammenspiel der beiden Aspekte, der Kognitivität und der Affektivität.

Um diesen Ablauf besser zu durchschauen, sollte man einen dritten PIAGETschen Begriff unter die Lupe nehmen, der immer wieder neben den Begriffen Affektivität und Kognitivität auftaucht. PIAGET betont häufig den Vorrang des Inhaltlichen: *"Wenn auch die Affektivität die Strukturen nicht verändern kann, so interveniert sie doch ständig bei den Inhalten."* (1953/54, S. 148)

Was meint PIAGET mit diesem merkwürdigen Satz? Affektivität und Kognitivität genügen offensichtlich nicht, wenn man das *Zusammenspiel* dieser beiden Aspekte erklären will. PIAGET führt einen dritten Begriff ein. Er spricht vom 'Inhalt' (contenu) eines Verhaltens. Zwischen Inhalt und Affektivität postuliert er eine unmittelbare Beziehung, während er davon überzeugt ist, daß die kognitiven Strukturen von der Affektivität unabhängig seien. Was mit dieser Unterscheidung theoretisch gemeint ist, könnte man folgendermaßen ausdrücken:

- 'Inhalt' ist die je spezifische Kombination kognitiver Elemente in einem konkreten, letztlich einmaligen Objekt, auf das das Verhalten gerichtet ist.
- 'Struktur' nennt PIAGET dieselben kognitiven Elemente, insofern sie in verschiedenen Objekten feststellbar sind und vom Subjekt selbst oder von einem außenstehenden Beobachter *abstrahiert* werden können.

'Inhalt' und 'Struktur' sind also verschiedene Sichtweisen derselben Sache, einmal das Kognitive in seiner Konkretion, zum andern das Kognitive in seiner abstrahierten, logischen Gestalt. Nun wird auch verständlich, warum die Strukturen im Verständnis PIAGETs nicht von der Affektivität abhängig sein können. In ihrer *logischen Qualität* gehorchen sie tatsächlich nur den Gesetzen der Rationalität, unabhängig von Zuneigung oder Abneigung. Der *Vorgang ihres Verfügbarwerdens* im Subjekt ist dagegen in hohem Maß von der Affektivität als "Energiequelle" abhängig. Das *Inhaltliche*, die spezifische Kombination kognitiver Elemente, übernimmt bei diesem Vorgang die entscheidende *Mittlerrolle*. Am konkreten Objekt entzünden sich Sympathie oder Antipathie, das konkrete Objekt erzeugt Interesse oder Langeweile; die Attraktivität des Inhaltlichen entscheidet also darüber, welche Strukturen zur Umweltbewältigung und in welchem Tempo sie vom Subjekt gelernt werden.

Hier wäre für mich grundsätzlich der Ansatzpunkt für eine Theorie und Praxis der ästhetischen Erziehung: Veränderungen im menschlichen Verhalten, in den menschlichen Einstellungen, im menschlichen Denken und Fühlen lassen sich initiieren, in die Wege leiten über das Konkretum, das den Menschen affiziert, also über das Faßbare, das über die Körperlichkeit und Sinnestätigkeit erreicht wird, was wiederum eine Veränderung des strukturellen Plafonds nach sich zieht. Etwas Ähnliches meint wahrscheinlich KANT, wenn er im ersten Teil der "Kritik der Urteilskraft" (1790), den er "Kritik der ästhetischen Urteilskraft" nennt, die "Beispiele in concreto" als *"Gängelwagen der Urteilskraft"* bezeichnet. Das Konkrete bewegt zum erkennenden Handeln.

"Mit Hilfe der ästhetischen Urteilskraft kann entschieden werden, was der Beschäftigung würdig ist und mit welchen semiotischen Mitteln Unterscheidungen um einer 'Klarheit durch Anschauung' willen zu treffen sind. Am 'Beispiel in concreto' wird damit Praxis initiiert, in der sowohl theoretische als auch praktische Anteile gleichsam mitangelegt sind." (Enzyklopädie Philosophie und Wissenschaftstheorie. Mannheim 1980, S. 193)

So verstanden würde ästhetische Erziehung als Anleitung zum erkennenden Handeln gleichsam zum Motor jeglicher Veränderung im Individuum.

"Quid enim est abstractio, si iactura non est? — Was bedeutet die Abstraktion anderes als einen Verlust?" (BAUMGARTEN: Aesthetica, 1750, § 560): Über die Sinnestätigkeit erreichen wir das Individuelle, das wahrhaft Bewegende. Die sinnliche Erkenntnis erschließt uns ein Mehr an Wahrheit. Die *isolierte* Verstandestätigkeit, das rein logische Abstrahieren ist nichts anderes als eine Verarmung, ein Verlust an Wahrheit, eine Beschränkung der menschlichen Handlungsfähigkeit.

Literatur

BAUMGARTEN, Alexander Gottlieb: Aesthetica. Frankfurt a.d. Oder 1750/58 (reprogr. Nachdruck 1961).

KANT, Immanuel: Kritik der Urteilskraft. Berlin und Libau 1790, (Herausgegeb. von Karl VORLÄNDER 1924, Nachdruck 1959).

LENZEN, Dieter / MOLLENHAUER, Klaus (Hrsg.): Enzyklopädie Erziehungswissenschaft, Bd. 1, Theorien und Grundbegriffe der Erziehung und Bildung. Stuttgart 1983.

MITTELSTRASS, Jürgen (Hrsg.): Enzyklopädie Philosophie und Wissenschaftstheorie. Bd. 1: A – G. Mannheim 1980.

PIAGET, Jean: Les relations entre l'intelligence et l' affectivité dans le développement de l'enfant. In: Bulletin de psychologie (1953), S. 143 – 150, 346 – 361; (1954), S. 522 – 535, 699 – 701. Ausführlich kommentiert in: SCHMITT, Rudolf: Kinder und Ausländer, Einstellungsänderung durch Rollenspiel – eine empirische Untersuchung. Braunschweig 1979, S. 9 – 18.

SCHILLER, Friedrich: Über die ästhetische Erziehung des Menschen. (Mit einem Vorwort herausgegeben von Wolfhart KENCKMANN), München 1967.

SCHWEIZER, Hans Rudolf: Ästhetik als Philosophie der sinnlichen Erkenntnis. Basel 1973.

WALCH, Johann Georg: Philosophisches Lexicon. Leipzig 1775.

Zur Grundlegung:

Klaus Matthies

Lernbereich Ästhetische Erziehung

– Integration der Fächer Kunst / Musik / Sport in der Grundschule –

1. Zur Konzeption der künstlerischen Fächer in der Grundschule seit 1950
2. Die Trias Kunst / Musik / Sport – Lernbereich Ästhetische Erziehung in der Primarstufe
3. Der Zusammenhang der Künste
   - 3.1 Zur Funktion der Künste
   - 3.2 Zur Verbindung der Künste
     - 3.2.1 Musik und Bildende Kunst
     - 3.2.2 Musik und Sport
     - 3.2.3 Kunst und Sport
4. Die Einheit der Sinne
5. Exkurs zu Bildung und Ganzheitlichkeit
6. Bewegung und Bewegtheit
7. Inszenierung als Prinzip
8. Aufgaben ästhetischer Erziehung in der Grundschule der Gegenwart

Die Funktion der Vernunft
besteht darin,
daß sie die Kunst zu leben
fördert.

A.N. Whitehead

1. Zur Konzeption der künstlerischen Fächer in der Grundschule seit 1950

- In den **50er Jahren** haben sich – nach dem großen Einschnitt des 2. Weltkrieges – alte pädagogische Ideen der 20er und 30er Jahre besonders in den künstlerischen Fächern wieder durchsetzen und ausweiten können: musische Bildung, *gesamtmusische Erziehung* waren die Programme. Andere Tendenzen einer spezifisch künstlerisch und zugleich modernen, aufklärerischen und zukunfts- oder fortschrittsorientierten Programmatik, wie sie das Bauhaus propagiert hatte, traten dahinter zurück, gingen aber nicht völlig verloren.

- Die **60er Jahre** waren vom Bestreben erfüllt, schulische Bildung und Lehrerbildung unter den Anspruch von Wissenschaftlichkeit, rationaler Begründung und Lernkontrolle zu bringen. Musische Bildung wurde als gefährliche Ideologie, irrational und verblasen entlarvt und abqualifiziert. In den künstlerischen Fächern führte das zu *Lehr-Lernprogrammen*, die sich an Entwicklungen der *Moderne in den Künsten* orientierte. Dazu war fachspezifischer Unterricht erforderlich, der je für sich neue Aufgaben mit neuen Begründungen und Kategorien hervorbrachte.

- Das Ende der 60er und die **70er Jahre** waren erfüllt von revolutionären Forderungen in politischer und sozialer Hinsicht: ideologische Kritik, gesellschaftliche Relevanz, Parteilichkeit für die Ausgebeuteten rückten in den Vordergrund. Politische Ökonomie sollte die Mitte der Entscheidungsprozesse für Unterricht und Erziehung bilden, *ästhetische Praxis* sollte immer auch *politische Praxis* sein. Analyse und Kritik der Massenmedien, Einsatz der Kunst für Erkenntnisarbeit und Ausdruck von Bedürfnissen schien das Wichtigste. Im Verströmen der revoltierenden Kräfte, in der Verwicklung in immer neue Widersprüche und Widerspruchskonzeptionen, in rationalen und rationalistischen Einseitigkeiten gingen die entsprechenden pädagogischen Programme unter. Sie verschwanden nicht völlig, wie zuvor die Ansätze des Bauhauses, der musischen Bildung und des modernen Kunstunterrichts; aber sie blieben nicht dominant. Wiederum andere, neue, scheinbar oder wirklich gesellschaftlichen Veränderungen und neuen Bedürfnissen entsprechende Vorstellungen und Ansprüche konnten aufkommen.

- Die **80er Jahre** sind im Hinblick auf die künstlerischen Fächer durch das Bemühen bestimmt, einen relativen Grad von rationaler Klarheit und Durchsichtigkeit in den Curricula zu sichern, (gemäßigten) ideologiekritischen Ansprüchen Rechnung zu tragen, die Künste in ihren Entwicklungen bis an die Moderne zu berücksichtigen (nicht sehr ausgeprägt) und im ganzen für Lernprozesse zu sorgen, die die Kinder und Jugendlichen *qualifizieren für die gegenwärtige Welt* und die Wahrnehmung der Funktionen des Ästhetischen in dieser.

  Überwunden scheint die musische Bildung mit ihren starken emotionalen Anteilen, den allgemeinen Zielsetzungen im Hinblick auf die Künste (künstlerische Bildung, Gestaltdominanz, Trennung vom niederen Alltag usw.) und dem Bestreben, den Zusammenhang der Künste und eine Integration von künstlerischen Tätigkeiten zu sichern.

- In den **letzten Jahren** macht sich in dieser Hinsicht eine neue Tendenz bemerkbar, die zwar keine Wiederbelebung der musischen Bildung anstrebt, aber das alte Prinzip der *Körper-Seele-Geist-Ganzheit* des Menschen erneut ernstnimmt. Dem entsprechen die Betonung der *Körperaspekte* in den künstlerischen Fächern, die zentrale Berücksichtigung des *Gefühlslebens* der Betroffenen, Betonung der *Sinnlichkeit* und der *Sinnesarbeit* und eine Neudefinition der "ästhetischen Reflexivität", also des Denkens und Nachdenkens über ästhetische Praxis und die Künste in der Gesellschaft. Das schließt das Nachdenken insbesondere über die Funktion und Erfahrung der Künste für den je einzelnen Menschen und für das Zusammenleben von Menschen in Gruppen ein. Es bedingt zugleich eine *Neubewertung vor- und außerkünstlerischer Praxis*, die gegenüber den künstlerischen Leistungen der Spezialisierung, Abgehobenheit, Esoterik etc. entschieden aufgewertet und breiter als bisher berücksichtigt werden.

  Damit sind Gesichtspunkte einer Neuorientierung angedeutet, die von uns als "Konzeption einer integrierten ästhetischen Erziehung" vorgetragen wird.

  Im folgenden sollen einige Überlegungen zur Begründung und Orientierung dieser Konzeption verdeutlicht werden.

2. Die Trias Kunst / Musik / Sport – Lernbereich Ästhetische Erziehung in der Primarstufe

Die Zusammenstellung dieser drei Fächer zu einem Lernbereich "Ästhetische Erziehung" scheint relativ willkürlich; aber sie hat Sinn und nachvollziehbare Gründe. Unter dem Anspruch, die künstlerischen Fächer zu koordinieren, kommen zunächst nur Kunst und Musik in Frage. Es würden auf jeden Fall noch Dichtung, Tanz und Spiel (bzw. Theater) dazugehören, die jedoch keine Schulfächer bilden. Deutsch im Ganzen einzugliedern wäre sicher nicht möglich, da erhebliche Anteile (wie Umgangssprache, Sachsprachen, Grammatik etc.) sich nicht unter Kunst / künstlerische Gestaltung subsumieren lassen. Tanz ist – bestenfalls – ein Teilbereich im Sport. Spiel und Theater können Deutsch zugerechnet werden, haben aber auch in Kunst und Musik, z.T. auch im Sport, Bedeutung.

Die Idee, Sport als zunächst nichtkünstlerisches (oder nicht wesentlich als künstlerisch verstandenes Fach) mit Kunst und Musik zu verbinden, hatte zunächst pragmatische Aspekte: Sport hat wie Kunst und Musik eine genuine, sogar dominante Praxis, die sich durch Nachahmung und schöpferische Leistungen bestimmt. Wenn wir bereit sind, diese Praxis als *gestaltende Praxis* zu verstehen und zu betreiben, ist eine Parallele mit Kunst und Musik gegeben. Gegenstand und Material im gestaltenden Sport sind Körperbewegung und Körperausdruck. Umgekehrt kommen Kunst und Musik nicht ohne einen substantiellen Anteil von Körperformung (Bewegung und Ausdruck) aus.

Auf die Grundbedingungen künstlerischer Arbeit zurückgehend, kann die *Gemeinsamkeit* des *Sinnlichen* und *Körperhaften* für alle drei Fächer in Anspruch genommen werden. Die Sinnesorgane, alle, mit Bevorzugungen oder in speziellen Kombinationen, sind tätig, wahrnehmend und ausdrucksleitend, die Körperlichkeit ist voll oder in Abstufungen in Anspruch genommen — und die Beteiligung und der Ausdruck von Gefühlen gehört unausweichlich dazu. Natürlich sind immer auch Verstand und Vernunft beteiligt; und nicht nur als abgetrennte Kontrolle und Reflexion oder hinsichtlich der theoretischen bzw. historischen Aspekte — sondern auch als Leitinstanz für Sinn- und Zielbestimmungen. Dennoch bleiben bedingend und maßgebend der Körper, die Sinne, die Gefühle. Ihr substantieller Anteil (quantitativ und qualitativ) kann nicht aufgehoben oder ersetzt werden.

Von diesen Bedingungen her sind Kunst, Musik und Sport einander ähnlich und verwandt, in Teilen sogar parallel und ineinander verwandelbar. Zugleich gibt es Trennungen und je Eigenes, das nicht aufeinander beziehbar ist. Die Menge und Vielfalt der Bezüge, Parallelen, Übergänge und die aus diesen resultierenden Steigerungen rechtfertigen die Zusammenführung zu einem Lernbereich. Die Benennung sollte "Ästhetische Erziehung" sein, weil wesentlich das Gemeinsame ästhetischer Praxis gemeint ist und weil in die Kombination von Kunst / Musik / Sport als den Schulfächern, die zur Verfügung stehen, auch weitere Anteile ästhetischer Praxis wie Tanz, Spiel, Theater, Dichtung eingebracht werden können.

Alle drei Bereiche, also Kunst, Musik und Sport, sind offen für *alltägliche ästhetische Betätigung*, also z.B. Kritzeln, Zeichen machen, Farbigkeiten bestimmen, Summen, Trällern, akustische Signale geben, rhythmische Verlautbarungen, Hüpfen, Tänzeln, Körpersignale nutzen, einfaches Dahinlaufen usw. Und auch die sogenannten niederen Künste können einbezogen werden: Jonglieren, Balancieren, Kunstradfahren, Schminken, Kostümieren, Dekorieren, Straßenmusik machen, freies Spielen usw.

Dies alles hat jeweils spezifische Sinnesorientierungen und Ausdrucksweisen; aber sie sind nicht ausschließlich spezialistisch betont und können leichthin wechseln und aufeinander bezogen werden. Grundlegende gemeinsame Züge sind Spontaneität, Motiviertsein, Bewegung und Bewegtsein. Das Ästhetische als "sinnliche Formung den Sinnen entnommen" bildet die gemeinsame Basis der Künste. In dieser Allgemeinheit und mit unteren bis mittleren Ansprüchen der Gestaltung bildet es insbesondere auch die Basis jeder ästhetischen Erziehung und der Arbeit in den künstlerischen Fächern in der Primarstufe.

Wenn wir auf fachspezifische Organisation und Lehrgänge in der Grundschule verzichten, heißt dies nicht, daß Kunst, Musik und Sport mit fachspezifischem Anspruch in der allgemeinbildenden Schule keinen Ort haben. Im Gegenteil: Wir brauchen die Künste in der Schule mit fachspezifischen Leistungsanforderungen und entsprechenden Ausbildungsgängen bis in die höchstmöglichen Ansprüche der Produktion, Rezeption und Reflexion hinein. Aber wir brauchen zuvor und zugleich die allgemeine, tiefreichende und kraftvolle Erfahrung und Ausformung an der Basis aller künstlerischen Arbeit: im Sinnenhaften, im Körperlichen, in der Gefühlserfahrung allgemeiner ästhetischer Praxis. Und dies in den jeweiligen aktuellen und lebensbezogenen Umsetzungsmöglichkeiten, die weder durch Kunstforderungen dominiert, noch durch Kunstleugnung deformiert sind.

Das gelingt um so eher und um so eindrücklicher, je weniger wir die fachliche Spezifität absolut setzen, und um so mehr, je stärker wir die Verbindbarkeit der fachlichen Orientierungen fördern oder thematisch nutzen.

Auf diese Weise können Kunst, Musik und Sport in der Grundschule einen Verbund ästhetischer Praxis bilden, der sowohl größere Themenkomplexe und zusammenhängende Behandlung ermöglicht wie ganzheitlichen Orientierungen des Kindes (am Anfang seiner Schulzeit, bis zum Ende der Grundschule) Rechnung trägt.

Mit dem dritten Schuljahr beginnend, sollten systematische fachliche Kurse in den drei Fächern das Lernbereichsprogramm, das wesentlich thematisch orientiert sein wird, ergänzen. Sie sollten einige jeweils fachspezifische Grundlagen der Form und Farblehre, der tonalen und rhythmischen Systematik und der Bewegungslehre und Spielgesetzlichkeiten vermitteln. Den Hauptteil der ästhetischen Erziehung sollten jedoch übergreifende Themen und kombinierte bzw. integrierte ästhetische Aktivitäten ausmachen.

Die gemeinsame Aktivität in den Künsten und die Aktivität in den gemeinsamen Künsten lehren Zusammenhalt, Verbindungen, Beziehbarkeit. Das scheint uns als pädagogische Konzeption für den Anfang des schulischen Lernens außerordentlich bedeutsam: Nicht nur um den notwendigen formalen Spezialisierungen ein Gegengewicht geben zu können, sondern besonders, um innerhalb und vermöge der Koordination die Themen und Aufgaben zur Geltung zu bringen, die uns für eine soziale, humane und umfassende ästhetische Erziehung notwendig erscheinen.

3. Der Zusammenhang der Künste

3.1 Zur Funktion der Künste

Wir gehen davon aus, daß die Trennung der Künste ein kulturell später Vorgang ist. Erst in den Hochkulturen sind Bildende Kunst, Musik, Tanz und Dichtung als künstlerische Ausdrucksrichtungen voneinander getrennt und in je spezieller Weise entwickelt und differenziert. In kulturellen Frühlagen mit Naturreligionen und entsprechenden kultischen Handlungen sind alle ästhetischen Ausdrucksformen aufeinander bezogen und im Wechsel und in Überschneidungen wirksam. Auch die alltäglichen Äußerungen in Sprache, Bild, Musik und Tanz betonen das je Spezifische nicht als Trennung, sondern sind gemeinsamer und austauschbarer Ausdruck von Stimmungen und Gefühlen, besonders der Freude und der Trauer, aber auch von Furcht und Mitleid, Ärger, Aufregung, Entlastung und Versenkung. Dieser archaische Alltag mit seinen spontanen und unbewußten ästhetischen Formungen ist auf uns überkommen, er ist uns geläufig, wenn auch unbekannt oder unwichtig. Eine dritte Ebene bilden Gestaltungen, die "als schöner Zusatz" mit Gerät und Werkzeugen verbunden sind oder die nützliche Form "schön auslegen". Sie setzen sich in Dekor und Design fort. In Zeiten nach den magischen Weltbildern, also mit der Geltung mythischer Ordnungen, verändert sich das Zusammenwirken der künstlerischen Ausdrucksweisen nicht grundlegend. Die Künste — sie werden wie vorher nicht als solche empfunden und gebraucht, sondern sind gestaltende Äußerungen im Dienste von Magie und Mythos — bleiben beieinander, sind — gemeinsam und sich ergänzend — die Darstellung der Weltordnung, Anrufung von Geistern, Ahnen oder Gottheiten dienstbar. Sowohl die Zeremonien, Riten und Kulte wie die zugehörigen gegenständlichen Schöpfungen (Masken, kultische Gerätschaften, Musikinstrumente etc.) gehorchen der Aufgabe der Wendung "ins andere Leben", in die transzendente Wirklichkeit der Geister, Verstorbenen und Gottheiten. Wegen der Bedeutung und Unbedingtheit dieses anderen Lebens müssen die szenischen und gegenständlichen Schöpfungen *symbolisch*, ausdrucksstark und durchgestaltet, d.h. schön sein — schön im Sinne des Zaubers, der Beschwörung, der Anrufung. In der in sie eingebrachten schöpferischen Kraft können sie als Gestaltungen überdauern. Zugleich sind sie Urformen des Künstlerischen — und Formungen der Entlastung. Die gestaltenden und anschauenden Menschen haben sich in diesen Werken Objekte geschaffen und vorgestellt, die ihnen als Übergang in die anderen Welten dienen und für sie selbst einstehen können. Diesen Ursprung von "Übergangsobjekten" können alle Arten von ernsthaften Kunstwerken bis heute nicht leugnen; nach wie vor dienen die Künste den Menschen dazu, sich des nicht Erreichbaren zu versichern, dem anderen, das sie als Wirklichkeit nicht beherrschen können, Ausdruck zu geben: zur Anschauung, als Vergewisserung — als tiefernste Gebärde der Hilflosigkeit.

Es leuchtet ein, daß erst mit der zunehmenden Beherrschung der materiellen Welt die Künste sich trennten und spezielleren Aufgaben dienstbar wurden. Jede Art von Kunsterziehung muß den geschichtlichen Prozeß der "Verweltlichung" der Künste aufarbeiten und sich der Frage der Verstehbarkeit von Spezialisierungen nicht nur der Wissenschaften, sondern ausdrücklich auch der Künste stellen.

Es ist zudem unübersehbar, daß die frühen Formungen nicht überholt sind und daß die Integration der Künste nach wie vor Bedeutung hat.

Magische Praktiken und mythische Rituale waren *ganzheitliche* Inszenierungen. Sie wirken nach in jeder Art integrierender Organisation der Künste: im Zirkus, in der Oper, in Performances und noch im Kino und im Fernsehen. Sie alle sind von Magie erfüllt, die in dem Wechselspiel der Künste: Sprache, Musik, Tanz und Bild hervortritt. Das Unwägbare, das im Austausch entsteht, im Wechsel und in den Synästhesien (1), in Parallelführungen, Überschneidungen und begrenzten Behauptungen, läßt die Phantasie arbeiten, die Stimulationen wirksam werden. Der vorzeitige Triumph des analysierenden Verstandes wird verhindert, Qualitäten des Körperausdrucks, der Bewegung, der Sinnesarbeit und des Gefühlsausdrucks kommen zum Tragen. Der Zauber dauert fort, verweltlicht und ohne verläßliche Wiederkehr.

Im Zentrum sind Bewegung, Rhythmus, symbolischer Ausdruck, Farbigkeit, Ton- und Farbvalenzen, letztlich eine atmosphärische Poesie als Ausdruck von Erfahrung und Empfindungsqualitäten.

Auf dieser Ebene, in diesen Horizonten kann ästhetische Erziehung sich einrichten, den Zusammenhang von Leben und Ausdrucksarbeit erproben.

3.2 Zur Verbindung der Künste

Was verbindet nun KUNST und MUSIK und SPORT? Was ist ihnen gemeinsam — als Künsten und als nichtartifiziellen Ausdrucksrichtungen? Hier wäre eine in Einzelheiten gehende phänomenologische Analyse der Eigentümlichkeiten der einzelnen Künste/Ausdrucksrichtungen angebracht. Im Vergleich der Details der Ausdrucksmaterialien, -bedingungen und -qualitäten würden sich Überschneidungen und Ähnlichkeiten — und die Getrenntheiten — abzeichnen. Das muß einer ausführlichen Untersuchung vorbehalten bleiben. An dieser Stelle ist nur möglich, einige Züge der Verwandtschaft oder "Beziehbarkeiten" zu kennzeichnen.

3.2.1. Musik und Bildende Kunst

MUSIK und KUNST arbeiten mit punktuellen Elementen (einzelnen Tönen/zeichnerischen points), mit Lineaturen (Tonfolgen, Melodien/Linien, Linienkombinationen), mit Farbigkeiten (Tonarten, Harmonien, Färbungen/Farben, Farbgegensätzen, -abstufungen und -richtungen), mit rhythmischen Gliederungen, mit kompositorischen Entwürfen.

MUSIK ereignet sich und verläuft in der Zeit. Sie füllt in der Aktualisierung einen Raum, der sich mit dem Ende der Vorführung wieder leert. Sie wird durch die Luft getragen und löst sich auf. Und gerät ins Gedächtnis.

BILDENDE KUNST ereignet sich räumlich und innerhalb räumlicher Begrenzung: auf einer begrenzten Fläche oder körperhaft-plastisch. Bildwerke sind und bleiben materiell anwesend. Aber die Wahrnehmenden tragen sie auch davon, im Gedächtnis, in der Erinnerung. Wenn MUSIK intensiv ist, kann sie bildliche Vorstellungen und körperhafte Sensationen hervorrufen. Umgekehrt wirken einige Arten von linearen und farbigen BILDERN musikalisch oder als Anstoß zu Musik.

Beiden, MUSIK und BILDENDER KUNST, — ob im Herstellen, Wahrnehmen oder Verstehen — gehen Vorerfahrungen in eben diesen Medien voraus: Kunst kommt aus je spezifischer Kunsterfahrung und zugleich — scheinbar — aus dem Nichts. Andererseits liegen allgemeinere Erfahrungen zugrunde, Erlebnisse und Impulse, die aus dem *Lebensalltag,* der persönlichen Erfahrung, der unerträglichen oder schönen oder banalen Wirklichkeit kommen. Intensiv Erfahrenes drängt nach Ausdruck, Gestaltung. Es sucht in der Verwandlung durch *Gestaltung* "aufgehoben" zu werden: erträglich, anschaulich, abständig erlebbar, bearbeitet; für sich, für andere. Es entsteht etwas Konkretes, wo vorher scheinbar nichts war.

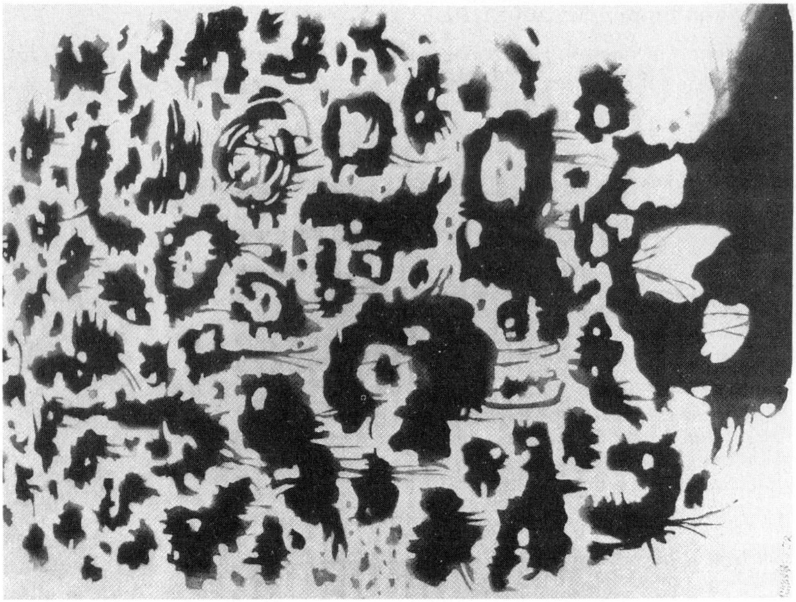

Abb. 2
WILLY BAUMEISTER

Abb. 1
HENK VISCH

Es geht die Meinung, daß in der MUSIK das Gefühlsleben der Menschen zum Ausdruck gebracht und aufgehoben wird, sowohl einzelner Menschen wie größerer Gruppen und ganzer Populationen. Aber ebenso haben auch das materielle Leben und die geistigen Ansprüche der Abstraktion und Konstruktion Eingang in die musikalische Ausdrucksarbeit. Nichts anderes gilt im Prinzip für die BILDENDE KUNST. In beiden arbeitet das Erleben der Menschen sich aus. Die Künste sind ein Widerspiegel der vielfältigen Bewegungen in der Zeit, sinnlich vorgestellt und hervorgebracht in sinnlichem Material und durch formende Anstrengung.

Das ist allen Künsten gemeinsam. Es kann auch als gemeinsamer Grund für vorkünstlerische Arten schöpferischer Arbeit gelten. Dennoch ergeben sich früh Unterschiede der Geeignetheit einer jeweiligen Ausdrucksrichtung für eine bestimmte Aufgabe. Landschaftserfahrung einschließlich symbolischer Gehalte von "Seelenlandschaften" oder "Naturerfahrungen" läßt sich sicher besonders gut und reichhaltig in der Malerei ausdrücken; aber auch in Sprache (Roman, Novelle, Gedicht) und in Musik, wohl kaum im Tanz.

Erfahrungen aus dem direkten Umgang mit Menschen finden besonders günstig Ausdruck im Roman (oder Film), können auch in Zeichnungen und Malerei dargestellt werden, weniger gut in der Musik, günstiger wiederum im Ausdruckstanz.

Ausgedehnte und wechselnde Zustände des Erlebens, der Ausdruck des Erlebens und seiner "Materialisierung", Vergeistigung" überhaupt werden durch Musik am besten dargestellt: Durch Takt, Tempi, Rhythmen, Melodien, Klang. Und die Auseinandersetzung mit dem, was historisch dazu aufkam, ist wiederum ein vorzügliches Feld neuer musikalischer Betätigung durch Nachahmung, Auslegung und Neuschöpfung.

Möglichkeiten der Wiederholung, Variation, Weiterführung, Metamorphose (Umwandlung) und der (Unterschiede und Gegensätze bildenden) Kreation sind in der Musik überzeugend ausgebildet. Sie gelten — cum grano salis — auch für die Bildende Kunst . . . und — vielleicht sollten wir diese Verbindungslinie ziehen — auch für das Leben selber, das sie abbilden, wenn nicht sogar "anleiten".

Wenn wir begreifen, daß die Künste vom Leben nicht getrennt sind, wenn wir lernen, sie in der Wahrnehmung und in ihren Formen und Vorformen unmittelbar und *lebensbezogen* zu gebrauchen, müssen wir nicht auf trennenden Unterschieden bestehen. Dann können wir sie nach Bedarf wechseln und kombinieren. Voraussetzung ist, daß wir mit dem vorkünstlerischen und künstlerischen Ausdruck etwas vom Leben wollen oder fürs Leben, etwas Lebendiges für uns — und andere.

3.2.2 Musik und Sport

MUSIK und SPORT (Bewegungskunst/Körperkunst) haben eine deutliche und vordergründige Gemeinsamkeit: den TANZ.

Vordergründig, weil sie für das dritte aufeinanderangewiesen sind. Aber Tanz gibt es ohne Musik und Tanzmusik ohne Tanz. Das Gemeinsame ist schließlich auch noch aufhebbar: Ausdruckstanz ist ohne Musik und ohne Rhythmus (im engeren Sinne) möglich. Das Zusammentreten von Musik, Körper und Bewegung ist wiederum eine besondere Gelegenheit der Vertiefung und Intensivierung von Gestaltung und Ausdruck. Nicht die formale Möglichkeit des Bezuges und Zusammenwirkens führt zu Steigerungen, sondern eine Thematik oder ein Motiv, das in der Kombination sich besonders intensiv ausarbeiten läßt, das in der Kombination besonders überzeugend wirkt. Tanz als Ausdrucksmedium, das gewöhnliche Rhythmisierungen einbeziehen kann, wäre ein besonderer Weg, das gewöhnliche zur Geltung zu bringen: Er würde mehr fordern, als ein Medium je für sich, ein Mehr an Vorstellungs- und Erfindungskraft, an Koordination und Kombination, an Übung und Überprüfung. Solcher "entworfener" Tanz mit Ausdrucksbewegungen, Rhythmen, Musik, Mimik, Gestik — vielleicht auch Gesang und Sprache — wäre *integrierende Inszenierung*. Er wäre auch Bild, bewegtes Bild.

Mit dem Stichwort "Inszenierung" können wir sowohl musikalische Produktion wie Produktion von Körperbewegungen und Körperausdruck bezeichnen. Beide Künste, Musik und Körperkunst (Körperbewegung / Körperausdruck), arbeiten wesentlich mit körperbezogenen Ausdrucksmitteln. Die KÖRPERKUNST tut es direkt mit dem ganzen Körper auf der Erde, im Wasser, in der Luft (auch mit Betonung einzelner Körperregionen). Die Musik tut es vermöge körpereigener Ausdrucksinstrumente, wie insbesondere der Stimme, aber auch der Hände und Füße. Diese Sicht ist noch relativ formal oder äußerlich; konkret handelt es sich bei der Körperkunst um die Gestaltung des Körperlichen selbst: als Ausdruck von Körperlichkeit und der Möglichkeiten des Körpers in der Bewegung und als szenisch gestaltender Ausdruck mit Hilfe des Körpers.

MUSIK als Entworfenes und innerkörperlich Empfundenes wird realisiert als Klangkörper im Raum (außerhalb des Körpers, der Klang und Rhythmus aus sich hervorbringt). Dem dienen auch die Instrumente, die Stimme und Hände und den Körper erweitern. Ein Orchester ist ein Klangkörper; aber zuvor schon ist unser Körper ein Klangkörper. MUSIK ist Verkörperung von Entwürfen des Geistes im Sinne gesetzmäßiger Konstruktion und von Entwürfen der Empfindung im Sinne des Ausdrucks psychischer Erfahrung . . . und beides kann und wird sich vermischen.

BEWEGUNGSKUNST/KÖRPERKUNST ist Leistung und Ausdruck von Körperlichkeit: von Körpererfahrung als Ich- und Selbsterfahrung und von Körperausdruck als Medium der Darstellung für andere (und mich selbst). Auch hier kann und wird beides sich vermischen.

Im übrigen: Was ist musikalisch am SPORT, was sportlich an der MUSIK?

Wenn die Körper auf Bewegungsgestaltung, Situationsgestaltung, Gestaltverläufe zustreben, ähnelt das Geschehen dem, was in Musik vor sich geht, wo Klang und Rhythmus im Raum zu einem Zeitereignis — Klang und Rhythmus als Erlebnis in diesem Zeitraum — werden. Der Aufbau von Gestalten im Raum und im Ablauf von Zeit (durch Körper und Klangkörper) verbindet SPORT und MUSIK. Es gibt

Parallelen zwischen Musik, Gymnastik, Tanz und Spiel: wenn und indem die Bewegungsverläufe und die Formung der Situation "Gestaltqualität" gewinnen. Das bedeutet nicht bloßes Streben nach Harmonie, sondern ist Gliederung von Verläufen in Bewegung und Gegenbewegung, Steigerung und Zurücknahme, Stille, Auftakt, Ansteigen, Kulmination, Abklingen und Ende. Das ist direkt körperhaft und in jeder Art von sportlicher Betätigung mit Geräten möglich, also bei betonter Gegenstandsorientierung; ebenso in jeder Art von Übung oder Vorführung mit betontem Spielcharakter, wo wiederum eine andere Art von Gestaltung, nämlich über eigenkörperliche und gegenständliche Orientierungen hinaus, als Anspruch und Formung der zwischenmenschlichen Beziehungen besonders zum Zuge kommen. Analog kann musikalisches Spiel, sowohl in den Materialgestaltungen und instrumentalen Beziehungen wie im Einbezug der menschlichen Beziehungen, *Gestaltung* sein und *Gestaltqualität* gewinnen.

Bei der Frage, was an der MUSIK sportlich ist, also in unserem Sinne Körperbewegung/Körperausdruck, ist die Tatsache von Belang, daß Musik jeder Art mit Hilfe von ganzkörperlicher Konzentration und teilkörperlicher Bewegung realisiert wird, im Extremfall sehr spezialistisch mit der Stimme, mit den Händen, den Füßen, und offensichtlich immer auch mit innerkörperlichen und äußeren Bewegungsparallelen, d.h. Parallelen zu dem, was klanglich oder rhythmisch in der Erzeugung des Verlaufs der Musik vor sich geht. (Das betrifft nicht nur die Vorführung von Bewegungsfiguren, wie wir sie z.B. von Dirigenten kennen, sondern auch jede Form von Singen und musikalischem Spiel – sofern man die Musizierenden sich nur bewegen oder sich der Bewegung "überlassen läßt".)

3.2.3. Kunst und Sport

Da fallen uns zuerst die Darstellungen von Sport – von Sportlern und Sportlerinnen – in Bildern ein, besonders in heroisierender oder dramatisierender Steigerung: kraftvolle oder elegante Körper, vollendete Bewegung, Schwerelosigkeit, Hingabe, Vollendung.

Die bildende Kunst leistet gute Dienste für Denkmäler dieser Art, die den Körper idealisieren und die Menschen in dieser Ideologie aufgehen lassen.

Das ist hier nicht gemeint. Es ist für uns nur insofern von Interesse, als daran die Verkehrungen, Übersteigerungen, die falschen Ideale ausgemacht werden können.

Wenn wir die Verbindung der Künste im Auge haben, dann heißt das zugleich, daß wir ein Menschenbild der Integrationen vor Augen haben – nicht das von Isolationen oder ideologischen Steigerungen, die durch Spezialisierung und Ausschließlichkeit erreicht werden.

Es gibt wunderbare Darstellungen von Körpern, stehenden Körpern und Körpern in Bewegung, die uns einen Begriff ganzheitlicher Vollendung vermitteln: in der griechischen Plastik, in etruskischen und römischen Malereien, vereinzelt in der Klassik der Neuzeit, wo griechische Vorbilder aufgenommen und variiert sind.

Abb. 3
PAUL KLEE

Aber die Grenze zur Übersteigerung, Verkehrung des Geistes, Verdrehung des Sinns ist schmal. Die Bilder und Skulpturen aus der Nazi-Zeit (2) belegen die Wendung ins Falsche und Schreckliche nur allzu deutlich.

Und die neueste Zeit mit den Sportkulten in einzelnen Disziplinen und mit einzelnen Heroen oder Idolen — propagiert durch Bilder — ist keineswegs frei von solchen oder ähnlichen Verdrehungen.

RUDOLF ZUR LIPPE hat in seinem Aufsatz "Der Körper, eine Fiktion" (3) die Probleme aus gegenwärtiger Sicht markiert: die "Welle der Körperlichkeit", die "Wiederkehr des Körpers" (4) ist von isolierenden Tendenzen und falscher Idealisierung nicht frei.

Wenn wir herausfinden wollen, was die Verbindung der Künste bedeutet, was wir als humanes Mehr daran haben können, sind diese Verbindungen von Kunst und Sport, in denen der Sport und der sportliche Mensch zum spezialisierten Idol erhoben werden, nicht geeignet. Die Kunst, die Bildende Kunst, hat darin nur die Funktion gefälliger Dienstbarkeit, sie ist bloßes Medium für die Aufführung und Vorführung der Idole. Das heißt, daß sie im eigentlichen Sinne nicht Kunst, sondern nur ein Mittel für den Triumph des anderen ist. Ihre Stofflichkeit, ihre eigenständige Form, ihre eigene Bedeutung verschwindet. Wo sie ihre genuinen Leistungen erhält, verschwinden dagegen die falschen Vorgaben, sieht das Menschliche durch "beseelte und vergeistigte Form" hindurch. (Das unterscheidet Darstellungen des Phidias z.B. von Skulpturen Arno Brekers).

In welcher Weise soll nun der Zusammenhang von Sport und Kunst gefunden und genutzt werden?

Wieder geht es um bestehende Parallelität, Entsprechungen, Beziehbarkeiten . . . und das Unvermittelte/Unvermittelbare (Inkommensurable).

- *Wo ist das Bildliche, das besonders Visuelle am Sport?*

Nun, alles, was im Sport sich entwickelt in Bewegung und Darstellung, ist körperlich und visuell zugleich.

In Plastik und Skulptur ergibt sich unausweichlich, weil körperhaft/körperlich, eine Parallele oder sogar Entsprechung zu dem, was sich mit dem "Sportkörper" ereignet und vorstellt. Aber erst mit der gestalthaften Selbstformung des lebendigen Körpers entsteht das, was in der Skulptur/Plastik der Bildenden Kunst als geformter Körper gestalthaft auftritt. Das kann an Plastiken und Skulpturen aller Zeiten, sofern sie die Körperlichkeit, d.h. Körperrealität thematisieren, nachvollzogen werden: an den schon genannten griechischen Skulpturen, an Plastiken von Maillol, Rodin, Marcks, vielen anderen bis zur neuesten Moderne — allerdings nicht an klassizistischen Figuren, kaum an manieristischen oder der Plastik der Frühe, die rein symbolisch ist (es sei denn, sie wäre bezüglich des Stehens, Hokkens, Daseins an sich von Interesse) (5).

Ob der Sport aus der Berücksichtigung der Körperdarstellung und des Körperausdrucks in der Bildenden Kunst etwas gewinnen kann: Differenzierung, Erweiterung des Körperverständnisses und Körpergebrauchs, ist unausgelotet, offen.

Zu sehr sind Skulptur und Plastik scheinbar bloß äußerliche Nachahmungen von sonst Lebendigem, sind Stillgestelltes, wo Bewegung und Leistung sein soll. Umgekehrt wird Bildende Kunst sich gern von den geformten und bewegten Körpern Motive und Anregung vermitteln lassen; aber auch sie profitiert auf diese Weise nicht wirksam für Inhalte und Substanz. Wir müssen die Verbindungen in anderen Merkmalen und Wirkungen suchen, nämlich da, wo tatsächliche Äquivalente und Verwandtschaften sind, wo sich substantiell Gemeinsames in beiden Künsten zeigt. Was also ist genuin Bildliches in der Körperkunst?

Bei Körperbewegungen und Körperausdruck ergeben sich lineare Verläufe und bildliche Ansichten, die als Gestalt-Aufgaben einbezogen und ausdrücklich mitentwickelt werden können. In besonderen Leistungen der Körperbewegung und des Körperausdrucks werden sich immer zugleich *bildliche Qualitäten* nachweisen lassen. Vorausgenommene Verlaufs- und Ausdrucksbilder können der Vorbereitung dienen. Im nachhinein hergestellte Bilder von Verlauf und Ausdruck sind Vergewisserungen von Form und Qualität.

Am stärksten ist das Bildliche in sportlichen Gruppen- und Massenbewegungen ausgeprägt. Die großen Olympiadefeste haben es neuerdings besonders deutlich gezeigt. Aber auch ohne diese spektakulären Aufführungen, die sich das Wirken von Farbigkeit und farbigem Wechsel zusätzlich zunutze machen, sind Gruppenbewegungen und Körperausdruck im Gruppenspiel primär zugleich Vorgänge der Herstellung von Bildern. Zuschauende können das so entstehende Bildliche erfahren und genießen. Und die Beteiligten selbst können das Erlebnis der Herstellung von Bildern bei sich zulassen und entfalten. Dazu bedarf es der Aufmerksamkeit und "eines entwickelnden Interesses" für das Bildliche. Zeichnungen und Aufzeichnung können hilfreich sein; der *Bildersinn* selbst sollte in den Bewegungsabläufen direkt mitwirken. Dazu ist Erfahrung im Linienspiel, in Rhythmus und Ornament, ferner konkrete und bildliche Raumerfahrung nötig, generell die Lust an Formung und Führung von einzelnem im Zusammenspiel zu einem größeren Ganzen.

Das läßt sich bildnerisch schulen und übertragen in die Bewegungsschulung, wobei sogar das freie Linienspiel sich in körperhafte Ausdrucksbewegungen übertragen läßt. Voraussetzung ist eine generelle Offenheit gegenüber der Vermitteltheit der Künste und eine "interdisziplinäre Neugier".

- *Und wo sind Körperbewegung und Körperausdruck in der Bildenden Kunst?*

Das meint wiederum nicht, wo und wie Bildende Kunst etwas Derartiges darstellt, also zum Thema macht; sondern wo es direkt und genuin in ihr enthalten ist. Worin und wie ist die Kunst sportlich, besser gesagt sensomotorisch, kinästhetisch? Auf jeden Fall ist sie es im Zeichnen und Malen, das aus dem Körper kommt oder körperlich entwickelt wird, also in expressiver Darstellung; abgeleitet noch im Aufbau von Zeichenfeldern und Ornamenten, auch in der Schriftgestaltung; schließlich überall dort, wo Bildliches in Szenisches übergeht (Happening, Fluxus, Performance) oder wo die Strukturen im Darstellen sich körperhaft abbilden (wo der Körper das Werkzeug des Malens wird – wie z.B. bei Ives Klein oder Arnulf Rainer) oder wo aus der Körperbewegung sich Bilder aufbauen (die Drippings von Jackson Pollock z.B. oder Bilder, die nach Musik entstehen und im Durchgang durch Körperbewegung in bildliche Form übergehen). Gerade die Moderne ist voll von Übergängen des Körpers in Bildliches, das wiederum seine Körperherkunft in der Wahrnehmung geltend macht.

Diese Hinweise mögen genügen, das Studium des Wechselspiels der beiden Künste weiter zu untersuchen und für die ästhetische Erziehung fruchtbar zu machen.

Wir gehen davon aus, daß durch die Verbindungen von Bild und Körper, genauer gesagt von bildlichen Orientierungen / Interessen und Körperbewegung / Körperausdruck und umgekehrt von körperlichen Anteilen in der Bildarbeit, *umfassendere Erfahrungen* gemacht werden können als in den einzelnen (fachlich abgegrenzten) Tätigkeiten. Wenn zu Bild und Körper noch Musik hinzutritt, ist ein breites Feld von Tätigkeiten der Sinne und des Körpers in Anspruch genommen. Ob im Zugleich oder im kombinierten Nacheinander: die breite und umfassende Orientierung im Sinnlichen und unter dem Anspruch von Gestaltung erlaubt und fördert die Bearbeitung komplexer und lebensnaher Thematiken.

Im Bild auf die Funktionen und Zusammenhänge der Sinnestätigkeit in der Alltagswirklichkeit, insbesondere im Leben der Kinder, wird dieser Aspekt der Komplexität und der Ganzheitlichkeit — im Sinne eines Anspruchs an *Bedeutungstiefe* und *Lebenswahrheit* — weiter heraustreten.

4. Die Einheit der Sinne

Die gewöhnliche Wahrnehmung im Alltag kümmert sich nicht um Trennungen; sie arbeitet selbstverständlich (unbewußt) und komplex (ungetrennt). So, wie sie arbeitet, nützt sie uns. Sie bringt allerdings keine speziellen Qualitäten des Wahrnehmens zustande, auch keine Steigerung bestimmter Wahrnehmungsarten. Die Bewältigung der Aufgaben im Straßenverkehr z.B. koppelt unmittelbar Hören und Sehen und Bewegung, vielleicht noch Riechen, Raum- und Wärmeempfindungen und allgemeine atmosphärische Wahrnehmungen. Erst wo professionelle Forderungen auftreten, werden bestimmte Wahrnehmungsarten gesteigert und entwikkelt. Sie basieren auf den diffusen Vorauserfahrungen komplexer Wahrnehmung und lassen sich in diese wieder einbringen.

Die *Körperbedingtheit* unserer Wahrnehmungen, d.h. die Lokalisiertheit unserer Wahrnehmungsorgane im Körper, hält das Wahrnehmen allgemein und beieinander. Sehen, Hören, Schmecken und Riechen sind organisch am oder im Kopf lokalisiert. Dennoch haben sie etwas Ganz-Körperliches, als wäre mit den Orten der Wahrnehmung nicht zugleich eine Abtrennung vom Gesamtkörper gegeben . . . geradezu als würden wir nicht am Kopf und durch den Kopf wahrnehmen, sondern von Kopf bis in die Zehen durch den Körper hindurch. Der oft vergessene Tastsinn ist sowieso mit Händen, Mund und Füßen über den Körper ausgebreitet; und die allgemeineren Wahrnehmungsarten der Wärme, des Gleichgewichts, des Wohlbehagens sind ganzkörperlicher Art (auch wenn sie sich zeitweilig oder

Abb. 4
PABLO PICASSO

anatomisch lokalisieren lassen).

Ich will damit ausdrücken, daß wir von der Ganzkörperlichkeit unseres Wahrnehmens ausgehen können und sollen und daß die Spezialisierungen diese voraussetzen und wieder in sie einmünden können. Was für den Alltag taugt, muß für besondere Situationen nicht untauglich sein. Im Gegenteil: auch in den Spezialisierungen kann die noch mitgeführte Komplexwahrnehmung nützen. Das "Spiel der verlassenen Sinne" ist dem favorisierten Sinn Rückhalt und Antrieb.

Die Abtrennung eines Sinnes und der besonderen Leistungen in diesem Sinnesfeld (z.B. einer Koloratursängerin oder eines Pianisten in der Musik oder einer Spitzentänzerin im Ballett oder eines hochspezialisierten Zeichners in der Bildkunst) dient nicht unbedingt dem Thema oder der Sinntiefe im thematischen Ausdruck; vielmehr ist – wie bei jeder Spezialisierung – Konkurrenzkampf im Spiel (die Macht der Spitzenposition) und natürlich auch das Maß materieller Entgelte (also Äquivalente dieser Leistungen in Form von Geld).

Diese Sachverhalte können wir, einschließlich der mit ihnen und durch sie erreichten Leistungen, nicht ignorieren; aber wir sind nicht veranlaßt, uns an ihnen zu orientieren, sie etwa schon in der Grundschule zur Richtschnur zu machen (im Kleinen zu befolgen in der Hoffnung, damit Größeres zu bewirken). Spezialistentum liegt außerhalb des Bildungsauftrags der allgemeinbildenden Schule, zumindest in der Grundstufe. Hier kommt es auf das allen Erreichbare, auf das Verbindende in der Sache und unter den Menschen an. Dazu gehören ganz wesentlich die Einheit bzw. *Verbundenheit der Sinne* und die *Übertragbarkeit der Erfahrungen* im sozialen Zusammenhang. Das verlangt Thematisierungen aus der Lebenswelt und Vielfalt der Sinnestätigkeit, besonders unter den Aspekten der Erfahrung von Zusammenhängen und Lebenssinn. Dem stehen die üblichen Fächerungen in der Schule und der zerstückelte Zeittakt entgegen. Das sind Erbschaften des Enzyklopädismus und Positivismus in der Pädagogik, längst nicht mehr zeitgemäß für eine humane Kinderschule; wohl aber nützlich für Trennung der Menschen und Funktionalisierungen des Geistes. Dem können Lernbereiche, Epochenunterricht, thematische Orientierungen entgegenwirken und zumindest eine fruchtbare Spannung von Komplexität und Spezialisierung – ein generelles und großes Ziel jeder Unterrichtung und Erziehung – begründen helfen.

5. Exkurs zu Bildung und Ganzheitlichkeit

In der erneut aufkommenden Diskussion um die Bedeutung von Bildung und die Relevanz von Bildungstheorien und Bildungskonzepten scheint wiederum die Kindheit vernachlässigt. Die Erwachsenen, besonders die Intellektuellen, sind skeptisch gegenüber früheren Ideen von Bildung: angeblich würden Ideen und Konzepte von Bildung die desolate Lage der Menschen in der Post-Moderne, im Medien-Kapitalismus etc. erneut verschleiern. Bildung mit ganzheitlichem Anspruch kann, scheint es, nichts anderes als falsche Ideologie sein. Die interessierende zweite Gruppe, die Jugendlichen, suchen eigene Wege: durch Aufspaltung der Engagements, organisierte Brüche gehen sie der geforderten Ausbildung von strukturierter ganzheitlicher Identität (das etwa war oder ist mit Bildung ja gemeint) aus dem Wege. Letzteres scheint realistisch, zukunftsträchtig, zumal es die (alle) Forderungen aus der Elterngeneration unterlaufen kann.

Wie aber sollen sich Kinder verhalten? Wie die Erwachsenen, die für Kinder verantwortlich sind, sie anleiten müssen, die Vorbilder sein sollen? Fast sieht es so aus, als wollten wir mit dem "Integrierten Konzept Ästhetischer Erziehung" eine Art Paradiesgarten ganzheitlicher Bildung schaffen, eine Art Refugium und Rückhalt für spätere zerrissene Phasen des Lebens. Das wäre so übel nicht, wenn wir es vermöchten oder wenigstens etwas davon. Schließlich ist die Kindheit wegen der Ausformung der individuellen Personstrukturen (Individuation), die ja immer zugleich auch Formung in einer gesellschaftlichen Situation und Entwicklung (Sozialisation) ist, Basis des Jugendlebens und des Erwachsenenlebens. Nicht, daß damit alles vorgegeben und festgelegt wäre: Umstrukturierung bis in die Grunderfahrungen hinein ist möglich; aber jeder Prozeß der weiteren (lebenslangen) Individuation und Sozialisation wird durch die Früherfahrungen, die Erfahrungen der Kindheit, bedingt und geprägt. Weil dies unausweichlich so ist, muß über Kindheit besonders, d.h. als solche für sich, und in den Dimensionen für Jugend und Erwachsenenleben nachgedacht werden.

Da es diese Kindheit in unserer Welt gibt, da sie eine eigenständige Phase im Leben der Menschen ist — obwohl die Erwachsenen diesen "Entwurf Kindheit" hervorgebracht haben, ist ihm nun auch etwas Unabhängiges, Genuines, eigen — kann ihr Voraussein etwas Doppeltes bedeuten: *Vorform* des Späteren und *Grundform* eines anderen. Kindheit als eigenständige Lebensphase ist Propädeutikum (Vorauslernen, Vorbereitung) von Jugend- und Erwachsenenleben *und* ein generell Eigenes (und damit ein Korrektiv) zugleich, nämlich das zu Ganzheit, Komplexität, Zusammenhang Tendierende gegenüber dem (notwendigen und doch nicht befriedigenden) Streben nach Einzelheit, Spezialisierung und Trennungen.

In der Kindheit muß letzteres in den Blick kommen und ausgearbeitet werden, im Erwachsenenleben ersteres wiederkehren. Die Jugend wird beides negieren und dennoch ein drittes nicht sein: sie arbeitet am ersten und letzten; im Vorgriff auf das Erwachsenenleben transformiert sie die Kindheit — in Verlust oder Gewinn der "verlassenen" Substanz.

Diese Überlegungen führen zu erneuter Betonung von *Sinn-Ganzheiten,* des Verbindens von später zu Trennendem, zum Festhalten an Komplexität und fluktuierender Flexibiliät.

Der Hinweis auf zwei unterschiedliche Akzentuierungen dieses Problems soll diese Überlegungen abschließen. Die Theorie des "Growing Young" (1981) des amerikanischen Anthropologen ASHLEY MONTAGU (6) und die Überlegungen der Schweizer Analytikerin ALICE MILLER in "Das Drama des begabten Kindes und die Suche nach dem wahren Selbst" (7) fordern ein erweitertes und neu gewendetes Denken über Kindheit, worin Defizite bisheriger Auffassungen überwunden und neue umfassendere Vorstellungen gewonnen werden können. Das ist zum einen die Aufdeckung des Irrtums, daß die Kindheit als freie Lebensphase, die nicht zur Reproduktion des Elternlebens da ist, bereits verstanden wäre, geschweige denn gelebt und wirksam gemacht werden könnte: ein Riesenproblem, das auch die Erwachsenenwelt verändern muß.

Zum andern ist es die Frage nach unseren Überlebenschancen in einer Welt der Naturzerstörung, der rationalistischen Aufspaltungen und der fortschreitenden Auflösung des Zusammenhalts von Materie und des Zusammenhangs von Materie und Geist. MONTAGU entwickelt aus seinen vergleichenden Schädeluntersuchungen und aus vergleichenden Verhaltensuntersuchungen bei Kindern und Erwachsenen von Primaten und Menschen seine Theorie der Neotenie als Evolutionsmerkmal. D.h., daß all das in der Gesamt- und Einzelentwicklung des Menschen weiterführt, letztlich überdauern kann, was nicht spezialistisch und früh festgelegt ist, sondern lange *beweglich*, *komplex* und *auslegbar* bleibt. Auch das ein Riesenproblem, mit dem wir noch wenig vertraut sind, das uns noch erhebliche Schwierigkeiten bereiten wird, richtiger (sinnvoller, bescheidener, aussichtsreicher) zu leben — im einzelnen und im ganzen.

6. Bewegung und Bewegtheit

Mit Sicherheit können wir sagen, daß Sport, Musik und Bildende Kunst sich in und von körperlicher Bewegung her ereignen.

Zeichnung, Malerei, Plastik, Skulptur entstehen durch Tätigkeit mit den Händen. Gesang, Instrumentalmusik entstehen durch Tätigkeit mit der Stimme (Atem und Vibration der Stimmbänder) und den Händen und Füßen. Gymnastik, Tanz, Athletik, Schwimmen, Spielen entsteht durch Tätigkeit mit Händen, Armen, Beinen, Füßen, mit dem ganzen Körper.

Mit jeder dieser speziellen Tätigkeiten geht eine *gesamtkörperliche* Beanspruchung einher. Der Atem, der Kreislauf, die innerkörperlichen Organe sind den speziellen Bewegungen dienstbar — nicht nur vermittels der immer notwendigen Leistung, die uns am Leben erhält, sondern durch besondere Leistungen der Zufuhr/Zuführung an Energie. Angefordert und angeregt, gesteuert durch Leistungs- und Ausdruckswillen, erreichen diese Tätigkeiten besondere Qualität der Dauer, Ausformung und Differenzierung.

In den Bewegungen formt sich der Körper, formen sich die außerkörperlichen Werke. Im Sport entsteht geformte Körperleistung oder beides zugleich. In der Musik entsteht ein Tongebilde, das als unstofflicher Zeitkörper den Raum erfüllt. In der Bildenden Kunst entsteht Körperhaftes auf der Fläche oder plastisch im Raum. In allen drei Fällen geht das Ergebnis oder Ereignis aus Bewegungen hervor, die sich dem Entstehenden mitteilen und dem Fertigen innewohnen. Wenn das Ergebnis etwas Stillstehendes ist, wie z.B. eine Zeichnung, kann die Bewegung, in der es erzeugt wurde, wieder rekonstruierend entdeckt werden — in allen anderen Fällen ist in der Wiedererzeugung, wie z.B. in der Musik, die Bewegung erneut gefordert und wirksam.

Wir können *Bewegung* als ein (weiteres) *gemeinsames* Moment der Künste, als etwas, das sie konstituiert, festhalten — und entsprechend nutzen und besonders nutzen lernen: Bewegung als Notwendiges, als Veränderndes, als Bewegendes.

Bewegung als Bewegendes ist doppelsinnig: Es ist die Erfahrung vom Getragensein in der Bewegung, und es ist das Angeregtsein zu Bewegung: zu Bewegung als Ausdruck von Leistungsmöglichkeiten und zu Bewegung in Darstellungszusammenhängen. Das Getragensein in Bewegung oder durch Bewegungen ist eine der Formen von Selbstgefühl und Selbstvergewisserung, durch die wir uns als lebendig im Dasein erfahren. Lust und Sicherheit stimmen zusammen, Erfolge winken, das Leben kommt uns entgegen. Es liegt sehr viel daran, Kindern solche Erfahrungen zu ermöglichen und je nach Ausdrucks- und Leistungsmöglichkeiten zu einem Grund von Hoffnung und Befriedigung, von Selbstsicherheit und Vertrauen ins Jetzt und ins Kommende werden zu lassen. Hier kommt es auf individuell richtige, angemessene Anstöße und Herausforderungen an.

Insofern ist jenes andere, das Angeregtsein zu Bewegung, eine Voraussetzung für die Möglichkeiten, sich in der Bewegung zu erfahren und schließlich durch sie getragen zu sein. Aber in diesem Angeregtsein steckt nicht nur Anregung durch andere Menschen von außen, sondern auch eine Art von Selbstbestimmung, die aus eigenen, selbstvermittelten Impulsen kommt: aus unserem Empfinden und Fühlen.

Wir kennen alle die wunderbaren Augenblicke, Minuten, manchmal Stunden, wo wir aus einer besonderen Gefühlslage heraus unseren Körper in Bewegung setzen: anfangen zu singen und zu springen, Zeichen in die Luft zu machen, uns in Tanz und Darstellung forttragen lassen durch uns selbst.

Aus heiteren Gefühlen, plötzlichen Eingebungen, auch aus Schmerz oder Wut heraus übertragen wir innerlich Empfundenes, bewegende Gefühle in körperlichen Ausdruck. Wir tun dies unmittelbar und unbewußt, aber auch mittelbar und halbbewußt. Es bricht aus uns heraus — und wir können Übertragungen und Umformungen willentlich entwickeln (ohne daß wir uns dessen in allen Einzelheiten und in Ziel und Wirkung bewußt sein müssen). Es treibt uns, und wir können uns dem überlassen. Nicht immer nimmt es ein gutes Ende; aber oft ist es uns hilfreich, ist entlastend oder bestätigend im *Selbstgefühl*.

Diese Art und Folgen von Bewegung aus innerer Bewegtheit halte ich für außerordentlich wichtig und auch für anregend und entwickelbar im Rahmen ästhetischer Erziehung, die auf Verbindungen und Komplexität aus ist.

Weder der Körper aus sich, noch der Verstand als Dirigent des Körpers bringen das an Bewegungen und Ausdruck zustande, was wir als ganzheitlich und erfüllt ansehen können. Ich behaupte, daß nur unter Einbezug von Empfindungen und Gefühlen, sogar wesentlich aus ihrer Tiefe heraus, sich Bewegung und Ausdruck, Darstellung und Selbstdarstellung ereignen. Jedenfalls kann nicht gegen Empfindung und Gefühl Bewegung hervorgebracht und Darstellung erreicht werden, die Ausdruck ganzer und selbstbewußter bzw. mit sich selbst identischer Personen ist.

Das mag als selbstverständlich oder herbeigeredet gelten; mir kommt es darauf an, auf Konsequenzen hinzuweisen, die gewöhnlich nicht gezogen werden. Was die Künste in der Schule, also die Ästhetische Erziehung dort, angeht, so reichen Vorbereitung und Durchführung, die den Körper und die Sinne berücksichtigen, nicht aus. Auch die rationale Klärung und der Appell an den Verstand und entsprechende Erklärungen und Anleitungen genügen nicht.

Wir müssen lernen, in der Ästhetischen Erziehung nicht nur mit allen Sinnen und mit Hilfe des Kopfes zu lernen, sondern insbesondere das Lernen unter Einbezug von Empfindungen und mit Hilfe der Gefühle zu entwickeln. Das heißt nicht, Empfindungen und Gefühle für Zwecke zu manipulieren, sondern sich der Empfindungen und Gefühle, die zu Bewegung, Darstellung und Ausdruck führen, klarzuwerden, sie zu berücksichtigen oder sie als Ausgangspunkt zu nehmen.

Das wird nur möglich sein, wenn das schulische Leben einer Lerngruppe und die außerschulischen Bedingungen des Verhaltens in der Lerngruppe im ganzen und für jedes Kind in ihren emotionalen Voraussetzungen und Verläufen ernstgenommen und ein Stück weit bearbeitet werden.

Neben dem *intellektuellen* Lernen, das weithin den Vorrang hat, und dem *sinnlichen* Lernen, das seit geraumer Zeit erneut gefordert wird, ist das *soziale* Lernen und nicht zuletzt das *emotionale* Lernen von Belang.

Von diesem letzteren, dem emotionalen Lernen, im Zusammenhang von Bewegung und Bewegtheit, und in seinen Zusammenhängen mit den anderen Richtungen des Lernens (dem intellektuellen, sinnlichen, sozialen Lernen) ist hier die Rede.

Bisher hat die Schule diesen Anteil nur wenig oder gar nicht beachtet. Das war stets eine vorhandene und mitregulierte Ebene, die keiner besonderen Thematisierung bedurfte. Durch Erziehung waren und wurden die Gefühle gemeistert. Sie wurden als berücksichtigte oder sogar als zu unterwerfende behandelt und überwunden (ausgeschaltet oder umgewandelt), jedenfalls selten oder gar nicht als Antriebe oder sogar Substantielles gesehen.

Allerdings immer dann, wenn Besonderes bewerkstelligt werden sollte, wußte man sich zu bedienen: bei Klassen- und Schulfesten, bei speziellen erzieherischen Maßnahmen, bei der Verbreitung von Furcht und Schrecken, bei Diskriminierung und bei Lob und Tadel. Daß es andere Möglichkeiten und Aufgaben geben könnte, die sich aus der Welt der Gefühle speisen, spielte kaum eine Rolle. Die Schule spiegelt hier (wie auch sonst) das, was in der Gesellschaft gilt, für die sie erzieht: die irrige Ansicht, Gefühle seien nur privat von Bedeutung, meistens störend und angeboren "natürlich".

Die Orte, an denen Gefühle gelernt werden konnten und in Beziehung standen mit den wichtigen Dingen des öffentlichen Lebens, sind verlorengegangen.

Gefühle wurden und werden abgedrängt ins Verborgene und zu nebensächlichen Selbstverständlichkeiten erklärt. Auf keinen Fall konnten sich auf diesem Felde grundlegende Ansprüche und Möglichkeiten des Lernens entwickeln. Nur und erst wenn es gründlich schiefgeht und Menschen sich nicht mehr zurechtfinden in ihrer Gefühlswelt, wenn sie untüchtig, "irre" und "geisteskrank" geworden sind, wird versucht, Gefühlserfahrungen zu bearbeiten, Gefühle zu regulieren. Im Vergleich zur Ausbildung unserer Körper und besonders unserer Intellektualität wird dem *Gefühlsleben* wenig Bedeutung eingeräumt und ihm entsprechend wenig Bildung und Ausbildung gewidmet. Es hört sich geradezu paradox an, daß im Bereich der Gefühle überhaupt etwas gelernt werden könnte. Natürlich wird in der Kindererziehung in der Familie auf das Gefühlsleben der Kinder Rücksicht genommen und darauf eingewirkt. Aber wonach richten sich diese Regulierungen, was wird über die Art und Vielfalt des Empfindens und Fühlens, über ihre Funktionen und Bedeutungen gelernt? Es geht um die Beherrschung der Gefühle, d.h. in der Regel um ihre Unterdrückung oder Verdrängung, keineswegs um ihre *Strukturierung* und *Vertiefung*. Die Kennzeichnung mag übertrieben sein; aber die Tendenz der Austreibung der Gefühle zugunsten der Rationalität ist unbestreitbar.

Wenn es richtig ist, daß das, was die Künste leisten, was an ihnen gelernt werden kann, nicht in erster Linie unsere Intellektualität betrifft, sondern die sinnliche Erfahrung und das Gefühlsleben, dann wäre auch unabweisbar notwendig, in der Ästhetischen Erziehung, insbesondere in ihrer integrierten Form, die wir vorschlagen, diese Anteile – insbesondere die Aufgaben und Möglichkeiten der Emotionalität – wahrzunehmen und zu entwickeln. Außer vielleicht im Religions- und Literaturunterricht hat Emotionalität in der Ästhetischen Erziehung einen Ort und Chancen der Strukturierung und Vertiefung.

Letzten Endes geht es natürlich nicht um die besondere Betonung des Gefühlslebens oder um isolierte Aufgaben im Bereich der Emotionalität. Wie am Beginn dieser Ausführungen angemerkt, liegt die generelle Aufgabe darin, ein anderes Verhältnis der Möglichkeiten der Menschen zu bestimmen: eine im ganzen zuträglichere, angemessenere, vernünftigere *Balance von Körper, Seele und Geist*. Das ist nicht nur die Aufgabe der Ästhetischen Erziehung; aber es ist eine ihrer besonderen Chancen im Kanon der Bildungs- und Ausbildungsaufgaben. Konkret würde die betonte Einbeziehung der Emotionalität in die Ästhetische Erziehung bedeuten, daß die ganze Skala der Empfindungen und Gefühle, von denen Kinder (und Erwachsene) bewegt werden, als Motive, Inhalte, Zielorientierung ästhetischer Erziehung in Frage kommen. Sie sind nicht nur Begleiterscheinung der Erziehungs- und Unterrichtsprozesse, wie sie natürlich seit jeher berücksichtigt (und gesteuert) wurden, sondern sollen als eigenständige Aufgaben Bedeutung haben und zielorientiert entwickelt werden.

Wenn wir als *Empfindungen* das betrachten, was durch sinnliche Wahrnehmung und innerkörperliche Zustände ausgelöst wird (z.B. Tastempfindungen etc. oder Organempfindungen etc.) und sich von der Wahrnehmung nicht ablösen läßt, aber auch nicht identisch ist mit ihr, läßt sich ihre Bedeutung markieren als Signalsystem für wichtige, sogar lebenswichtige Vorgänge. Andererseits werden Übergänge in gefühlsartige Zustände vorstellbar, besonders wenn es sich um Empfindungen der sogenannten "niederen Sinne" (Riechen, Schmecken) handelt oder die Komplexität der Sinnestätigkeit (daß z.B. Sehen oder Hören durchaus mit Empfindungen des Tastens, Riechens oder Schmeckens verknüpft sind) berücksichtigt wird. Empfindungen wären damit in einer Zwischenregion zwischen Wahrnehmungen und Gefühlen angesiedelt, sie bilden Verbindungen zwischen Sinnestätigkeit und Emotionalität.

Die *Gefühle* selber, die von Empfindungen zu unterscheiden sind, können als etwas Selbständiges betrachtet werden, als eine Grundlage im Seelenleben, aus der sich Denken, Vorstellen und Wollen ableiten oder mitbestimmen, die aber nicht nur im Hinblick darauf von Bedeutung sind. Vielmehr handelt es sich um Erlebnisganzheiten und Komplexqualitäten, die jeder Person existentiell in unterschiedlicher Art und Fülle zugehören und andererseits das Miteinanderleben der Menschen wesentlich bestimmen: nicht nur als Färbung (Aufhellung und Trübung) von Situationen und Vorgängen, sondern auch als Grundlage von Bindungen und Brüchen. Wir können, vielmehr müssen davon ausgehen, daß durch jeweilige Gefühlslagen und -entwicklungen unser Denken und Handeln beeinflußt, wenn nicht sogar entscheidend bestimmt werden. Ganz besonders trifft dies für Kinder zu, deren Lebenselement und Lebenselixier ihre Gefühle sind. Das sollten wir nicht nur nicht vergessen, sondern endlich und entschiedener als bisher berücksichtigen.

Wir bedenken zu wenig und wissen zu wenig darüber, in wie hohem Maße und wie oft auch die sogenannten vernünftigen Handlungen und das rationale, logisch-gliedernde und folgernde Denken aus emotionalen Quellen gespeist sind. Phänomenologische, besonders tiefenpsychologische Analyse kann es aufdecken und uns die Macht der Gefühle verdeutlichen. So verstanden, geht es nicht um die Verteufelung der Rationalität, sondern — noch einmal betont — um die Begründung eines neuen realitätsgerechteren Verhältnisses der Vermögen des Menschen, also der Balancen zwischen Sinnestätigkeit/Körperlichkeit und Gefühlen/Emotionalität und Vernunft/Intellektualität.

Dazu kann Ästhetische Erziehung, die in der Kindheit ansetzt und komplex und lebensnah zu arbeiten sucht, einen Beitrag leisten. Sie muß anthropologisch fundiert werden und darf sich dem, was die Gefühle sind, bewirken und bedeuten, nicht verschließen.

Sie muß also dem nachgehen, was Lust und Unlust, Liebe und Haß, Furcht und Hoffnung, Freude und Trauer, Anteilnahme und Abwehr, Anerkennung und Ablehnung, Mut und Feigheit, Mitgefühl und Gleichgültigkeit usw. sind: wie sie sich zeigen, wie sie entstehen und vergehen, was sie bewirken und verhindern — und wie man es nicht nur ausdrückt, sondern auch darstellen kann. *Darstellen* als bearbeiten, bearbeiten als differenzieren, vertiefen, verstärken, lichten, verlassen: als lernen, *Leben lernen*.

Ästhetische Erziehung kann auf diese Weise konkret, lebensnah und kraftvoll sein. Ausdruck zu entwickeln und darstellend tätig zu sein, ist dann nicht fremdbestimmtes Vorführen, sondern selbstbestimmtes Ausarbeiten, da den einzelnen Personen und der Lerngruppe Eigenleben ermöglicht und *Identität* vermittelt.

Der Beweis der Möglichkeit und des Sinns kann allerdings nur an Beispielen ge-

Abb. 5
SAM SZEMBEK

führt werden, in denen die Koinzidenz von Bewegtheit und Bewegung heraustritt.

7. Inszenierung als Prinzip

Schon bei der Erörterung des Tanzes sind wir auf das Stichwort "Inszenierung" gestoßen. Es war die Benennung einer Tatsache, die wir mit "Tanz als Vorführung" meinen; und insofern Tanz in jeder Form – auch der spontane Tanz ohne Partner und Zuschauende – als Vorführung (Selbstaufführung, die angeschaut werden kann) zu verstehen ist, kann *Inszenierung als allgemeine Kategorie* eingesetzt werden. Sie ist über Tanz hinaus verallgemeinerungsfähig in dem Sinne, daß vielerlei und sehr Verschiedenes vorgeführt – aufgeführt werden kann. Kernbereich von Inszenierung ist traditionell das Theater, alle Formen von Theater sind Inszenierung oder beruhen auf Inszenierung. Aber z.B. auch politische Veranstaltungen und private Auseinandersetzungen werden "inszeniert". Letztlich – scheint mir – können wir ebenso von Musik und von bildlichen Darstellungen sagen, daß sie inszeniert werden oder Inszenierungen sind.

Besonders auf die Entstehung und die Eigenart des Da-Seins von Bildern wirft dies ein besonderes Licht. Und Gymnastik, Leichtathletik, Schwimmen, Sportspiele sind, wenn sie vorgeführt werden, ganz sicherlich Inszenierungen. Und wenn sie nicht ausdrücklich vorgeführt werden, könnten sie auch als oder wie Inszenierungen betrachtet werden. Insofern würden wir mit diesem Begrif, der Darstellungsformen und zugleich eine *Anschauungsform* umfaßt, eine weitere Gemeinsamkeit von Kunst, Musik und Sport feststellen und Inszenierung als eine Kategorie von Verhaltensorientierungen, Gestaltungen und Leistungen der genannten Art etablieren. Das mag zunächst nicht einleuchten, da insbesondere die Hervorbringung von Bildern, aber auch die Hervorbringung von Musik, ebenso auch Turnen oder Spielen nicht immer und geradezu als eine Art von Inszenieren verstanden und entsprechend nicht in solcher Weise vorbereitet, begonnen, durchgeführt und betrachtet werden. Jedenfalls gewöhnlich nicht. Bei genauerer Untersuchung würde sich allerdings weitaus mehr als "Inszenierung" herausstellen, als wir zunächst anzunehmen geneigt sind. Wir kämen vielleicht weiter damit, daß wir sagen, daß die genannten Tätigeiten eine Art *Spiel* sind, und weil Spiel etwas Inszenatorisches hat, die Kategorie Inszenierung gelten kann. Es läßt sich nicht von der Hand weisen, daß sportliches Handeln, Musik und sogar Zeichnen und Malen in der Form von Spielen oder Spiel entwickelt und verstanden werden können oder daß ihnen etwas Spielerisches – bei allem Ernst – innewohnt. Eine hinreichende Ableitung ist dies ebenfalls nicht, denn all das Erwähnte ist auch Nicht-Spiel. Und Inszenierung muß nicht Spiel, kann vielmehr bitterer Ernst sein.

Es scheint, als müßten wir nun sagen, Inszenierung sei so etwas wie eine besondere Form vorausgeplanter Ingangsetzung besonderer Handlungen, in unserem Falle von künstlerischen Handlungen. Mit Spontaneität, Augenblicksphantasie, Offenheit habe das etwas zu tun, und besonders mit gründlicher, vielseitiger Vorbereitung: so, wie im Theater eine Aufführung mit Hilfe dramaturgischer Arbeit, Regiekonzepten, Proben, usw. vorbereitet und schließlich ins Werk gesetzt, d.h. öffentlich dargestellt wird. Die theatralische Inszenierung wäre damit das Muster, woran die Tatsache oder das Vorliegen von Inszenierung untersucht und bestätigt oder verneint werden könnte. Ausgehend von diesem Muster könnten dann auch Sport, Kunst, Musik als Inszenierungen aufgefaßt und entsprechend vorbereitet und durchgeführt werden — bzw. das gerade nicht, weil die Situationen einander nicht entsprechen und entsprechende Handlungen nicht entwickelt werden können.

Im Rückgang auf die Herkunft des Wortes steht fest, daß die Inszenierung In-Szene-Setzen bedeutet, und daß das Wort Szene, griechisch skene, ursprünglich Zelt, Hütte, Laube, Gerüst bezeichnet, in bestimmter Form den "Schattenraum" hinter der Bühne oder auch das Bühnengerüst. Von daher liegt die Bedeutung "Schauplatz einer Handlung", die später eine der Auslegungen von skene ist, nahe. Im allgemeineren Sinne bezeichnet Szene dann im Neuhochdeutschen, in dem das Wort aufkommt: Vorgang, Vorfall, Anblick, Milieu, Auseinandersetzung, Bereich bestimmter Aktivitäten; im besonderen dann: kleinste Einheit in einem Drama, Film oder Hörspiel. In zusammengesetzten Wörtern und Redewendungen erweitert der Bedeutungshof sich: Spielszene, Soloszene, Abschieds- oder Trennungsszene, Liebesszene, Verwandlungsszene, Traumszene; die Szene beherrschen, sich in Szene setzen, regelrechte Szene, grauenvolle/herzzerreißende Szenen, Beifall auf offener Szene.

Für die abgeleiteten Wörter Inszenierung und inszenieren steht diese Palette an Bedeutungen nicht zur Verfügung; sie sind scheinbar begrenzt auf "Vorbereitung einer Aufführung" im Theater oder auf politische oder geschäftliche Vorgänge (Machenschaften), die etwas vortäuschen sollen oder glänzender machen, als es ist.

Allerdings hat sich in neuester Zeit ein noch anderer Gebrauch des Wortes Szene "eingebürgert", der einen bestimmten sozialen oder kulturellen (sozio-kulturellen) Zusammenhang meint: Popszene, Rockerszene etc. oder einfach "die Szene" ("ßien") der Leute, die den Ton angeben in einem bestimmten Bereich von Interessen und Selbstdarstellung.

Davon noch einmal unterschieden hat das Wort Inszenierung in den darstellenden Künsten besondere Bedeutung bekommen/angekonmmen, seitdem die Künste ineinander übergehen; seit Musik und Bildende Kunst auf neue Weise zusammentreten (NAM YUN PAIK z.B.) oder Körperdarstellung mit Bildlichkeit zusammenkommt (ARNULF RAINER z.B.) oder Musik mit Körperdarstellung neu verbunden wird oder alles drei, also Bild, Musik und Körperspiel, sich auf neue Weise verbinden, wie es in Happening oder Fluxus der Fall war, und nun — unter Einbezug von technischen Medien — auch ohne diese — in Performances hervortritt. Im Englischen / Amerikanischen ist "to perform": verrichten, ausführen; eine performance also zunächst ein Vorgang, eine Durchführung. Aber es steckt mehr dahinter: eine performance ist eine Inszenierung, die mit neuartig integrierten Verfahren arbeitet und auf diese Weise etwas zum Ausdruck bringt, das in einer je einzelnen Kunst nicht erfaßt wird. Insbesondere werden Erfahrungen und Entwürfe darstellbar, die bisher nicht oder nur ansatzweise zum Ausdruck gebracht wurden: Zwischentöne, Zwischenebenen, Zusammenhänge. Bisher nicht Faßbares aus der komplizierten neuen Welt der "Realien", besonders aber auch unserer psychischen Verfassung und Widerspruchserfahrungen wird im Performance vorgeführt. Vieles von dem, was JOSEPH BEUYS entwickelt hat, beruht auf Prinzipien von Performance und Inszenierung (was etwa gleichgesetzt werden kann) (8). Alles, was unter "individuelle Mythologien" in der Kunst zusammengefaßt wird, beruht auf Inszenierung, ebenso die land art, Teile der pop art, die Verpackungskunst von CHRISTO; aber z..B. auch Stegreif-Theater, Straßenmusik, Ein-Personen-Zirkus, Spontan-Darstellungen. Inszenierungen setzen sich immer aus vorbereiteten oder vorhandenen Anteilen und spontanen Formungen und Ergänzungen zusammen. Sie sind nie ausschließlich spontan oder ausschließlich geplant. Sie verbinden Vorbereitung oder ausspielbares Können mit der Freiheit der Auslegung im Augenblick der Aufführung/Vorführung. Diese *Offenheit*, die der Raum eines Traums ist, unterscheidet solche Inszenierungen von den Aufführungen des traditionellen Theaters, wo alles oder das meiste seine Ordnung und einen festgelegten Ausdruck haben muß. (Es ist vorbereitet, was herauskommt; und es kommt heraus, was vorbereitet ist). Bei einer Performance, einer offenen Inszenierung, kann stets etwas anderes, ganz Neues herauskommen. Das Spiel – und es ist ein freies Spiel der Kräfte und der Phantasie – ist ungewiß in seinem Ausgang. Das Ergebnis ist überraschend, auf keinen Fall vorfestgelegt; und es ist einmalig – es kann nicht einfach wiederholt oder erneut hergestellt werden.

Improvisation spielt eine wesentlich größere Rolle, als in den Künsten sonst zugestanden ist; aber es ist nicht Zufälligkeit oder gar Stümperei gemeint: das Können, die Übung werden herausgefordert – und in besonderem Maße Phantasie, Kraft der Erfindung, der Veränderung, der Auslegung – Einbildungskraft im ganzen im Verein mit der "Ausbildungskraft" im einzelnen.

Wie kann solche Orientierung für ästhetische Erziehung in der Grundschule gelten? Müssen nicht gerade die Elemente gelernt werden, der ordentliche Aufbau, die regelhafte Zusammensetzung . . . in der Musik, in der Bildkunst, in der Körperbewegung und dem Körperausdruck? Müssen die Künste nicht vorgehen wie (früher) das Lesen und Schreiben und Rechnen: vom Einfachen schrittweise zum Komplizierteren, logisch und konsequent?

Es ist nicht leicht, die gängige Idealisierung und Materialisierung von Kunst zu erkennen und dann aufzugeben und Anschauungen, die den sinnvollen alltäglichen Gebrauch von Kunst fordern, in der ästhetischen Erziehung einzuführen und durchzusetzen.

Die gesellschaftlichen Mechanismen der falschen Idealisierung und Materialisierung von Kunst und ästhetischer Erziehung sind stark. Entschiedene Umwertung und Umlernen sind notwendig. Das bedeutet, Traditionen bisherigen Kunstgebrauchs und Kunstlernens aufzugeben. Die ästhetische Erziehung soll sich aus den Künsten nähren, sich mit ihnen nicht messen. Ansprüchen des Kunstmarktes, der Kunstkritik, der künstlerischen Selbstdefinition gehören als Maßstab nicht in die ästhetische Erziehung. Es muß ein anderes Maß der *Intensität* gefunden und zur Geltung gebracht werden. Kunstbezug ist und bleibt als Forderung und ist das Ideal, aber nicht zugleich der Maßstab. Der Maßstab ist die Zusammenführung von ästhetischer Praxis mit Lebensorientierung, d.h. eine ästhetische Praxis, die am Selbstbewußtsein der Individuen im einzelnen und in Gruppen ansetzt und an der Selbstverständigung der Menschen in ihrer Lebenspraxis arbeitet. Das gibt z.B. der Produktion andere Maßstäbe als der Reflexion und Rezeption — und muß doch versuchen, diese untereinander auszugleichen und aufzuheben. Ich habe erwähnt, daß "Inszenierung" eine Produktionsauffassung (auf Rezeption und Reflexion überspringende) der Moderne ist. Diese Orientierung erlaubt die genannte Veränderung, ohne daß Verbindungen zu Kunst und Künsten aufgegeben werden müssen. In diesem Prinzip "Inszenierung", das zunächst formal und weitläufig ist, kann die Verbindung ins Alltagsleben gefunden und ausgearbeitet werden. Danach ist auch der Übersprung in das, was die traditionellen Künste und ihr Gebrauch hergeben, möglich.

Außerdem und nicht zuletzt ist jeder Unterricht, in dem etwas bewirkt werden soll, selbst eine Art von Inszenierung. Hier liegen doppelte Chancen vermischter — anbietender und aufnehmender — inszenierender Tätigkeit. Das setzt voraus, daß Vermögen und Sicht der Lehrenden dafür geschult sind und sich immer neu bilden — gegen Vereinnahmung in Regelhaftigkeit und gegen den Trend, sich selbst, seine eigene Arbeit, zu institutionalisieren. Das heißt, daß ästhetische Erziehung eine lebendige Folge von Themen als Anregung und Durchführung von Aufgaben der Lebensthematik, die durch Inszenierung konkret bearbeitet werden können, konsequent und in immer neuen Varianten entwickeln muß. Sie soll in der schulischen Kindheit für eine Reihe hervortretender *Projekte* sorgen, in denen lebenspraktische Themen ästhetisch-praktisch bearbeitet und in Inszenierungen — also in unserem Fall mit Hilfe von Musik, Bild und Körperausdruck / Körperbewegung (Körperkunst) — aufgeführt werden.

Dabei kann und wird es Schwerpunkte des Ausdrucks im Bildlichen oder in der Musik oder in der Körperkunst geben . . . und Annäherungen an eine Kunst oder "die Künste als Anspruch" (Leitbild) oder auch die Entfernung von ihnen und den Übergang in "profane Lebenspraxis".

Ich habe Spiel und Spielen als Kategorie und Verhaltensform nicht ausdrücklich eingebracht: Ich sehe sie als Vorstufen für das, was sich u.a. durch Inszenierungen entwickelt und weiterentwickeln kann. Spiel und Spielen reichen aus der vorschulischen Kindheit in die Grundschule — in jedes Lebensalter — hinein. Als Leitkategorie gehören sie wesentlich der Vorschulzeit zu.

Aus dem Spiel entfalten sich Realitätssinn und ästhetischer Sinn als weiterführende Formen der Interessenorientierung: gegenstandsbezogen die eine (ohne den ästhetischen Sinn auszublenden), personenbezogen die andere (ohne den Realitätssinn zu verlieren). Spiel und Spielen kann und soll in Inszenieren übergehen: in eine Formung, die der sich entfaltenden Intellektualität Raum gibt und Aufgaben stellt und ihre Basis im Sinnlichen und Emotionalen (d.h. auch: im Unbewußten und Vorbewußten) bewahrt.

Deswegen hier auch die Vermeidung der Kategorie Theater / theatralisch.

Ich will diesen Abschnitt mit dem Rückgang auf ein Bild – und jeder Rückgang auf ein Bild in der Sprache ist ein kleines Beispiel von Inszenierung – abschließen: eine der frühen Bedeutungen von Szene/skene war "Schattenraum".

Es läßt sich vorstellen, daß der Schattenraum hinter der eigentlichen Bühne ein willkommener Ort des zeitweiligen Rückzugs aus der Aufführung war. Die Sonne im Trichter des halbrunden Theaters und/oder das dramatische Geschehen auf der Vorderbühne: das gab dem Zelt hinter der Bühne, dem Schattenraum, eigene Qualität: für Rückzug und Aufzug, Entlastung und Sammlung.

Dies sollten wir bei jeder "Inszenierung" bedenken und in jede Vorstellung von Inszenierung einbeziehen: daß es die Vorderbühne gibt, auf der vorgeführt, dargestellt, agiert und gestaltet wird, und daß es den rückwärtigen Bühnenraum gibt, wohin man zeitweilig abtritt, von wo man auftritt, wo Entlastung möglich ist, Sammlung, vielleicht sogar Kontemplation.

Daß es auch der Raum der anderen "Aufführungen" ist, wo die Zu- und Abwendungen unter den agierenden Personen, die Bündnisse und Intrigen, organisiert werden – das verbindet diese Vorder- und Hinterbühne des Spielens und der Inszenierung mit der Vorder- und Hinterbühne des Lebens. Wir müssen es hinnehmen – und können es einbeziehen (siehe den vorigen Abschnitt "Bewegung und Bewegtheit").

8. Aufgaben ästhetischer Erziehung in der Grundschule der Gegenwart

Generell unterscheiden sich die Aufgaben der ästhetischen Erziehung in der Grundschule nicht von denen, die ästhetische Erziehung für die allgemeinbildende Schule insgesamt hat: Vertrautmachen mit den Ausdrucksmöglichkeiten musikalischer, bildnerischer, körperlicher Darstellung und Leistung und Einführung in Gehalte und Funktionen von Musik, Kunst und Sport in der Gesellschaft unter gegenwärtigen und historischen Bedingungen.

Mir scheint, daß die Grundschule dennoch einen besonderen Auftrag hat, der in der folgenden Schulzeit (in den weiteren Phasen der Sozialisation/Enkulturation) nicht mehr ohne weiteres wahrgenommen werden kann. Das heißt, daß die Grundschule im Rahmen der obengenannten Ziele besondere Bildungsaufgaben hat, die genuin und unauswechselbar dieser Phase zugehören und eben in dieser Zeit als generelle Zielorientieung gelten und entsprechend inhaltlich ausgefüllt werden sollen.

Ich kennzeichne diese Aufgaben im folgenden, indem ich sie als Thesen mit Erklärungen vortrage und im übrigen auf den bisherigen Gang der Erörterung verweise.

(1) Ästhetische Erziehung in der Grundschule hat die generelle Aufgabe, *Verbindungen* zwischen dem *Alltagsleben* der Kinder und den *Künsten* in der Welt der Erwachsenen aufzubauen, zu stärken und zu vertiefen.

(2) Der Aufbau solcher Beziehung soll vom Alltagsleben der Kinder ausgehen und die natürliche *Verbundenheit der Sinne* im Spiel, in der Wahrnehmung und im

Ausdruck wahren und nutzen.

(3) Ein Teil der Aufgaben, die sich als Projekte über längere Zeiträume entwickeln sollen, muß den *Gefühlsthemen* gelten, die die Kindheit (und das spätere Leben) prägen.

(4) Die je besonderen *Ausdrucksleistungen* von Musik, bildlicher Darstellung, Körperbewegung und Körperdarstellung sollen in Komplexthemen zur Geltung gebracht und thematisch gebunden entwickelt werden.

(5) *Wahrnehmung* isolierter *künstlerischer Werke* (und Leistung) soll gezielt einbezogen werden. Sie bedarf der Rückbindung in Alltagswelt und -wahrnehmung und soll zugleich die Erkenntnis der Besonderheit der Werke fördern.

(6) Ästhetische Erziehung in der Grundschule ist nicht auf die Kombination von Bild / Musik / Körperkunst beschränkt: wo es thematisch naheliegt, sollen Sprach- und Sprechkunst, Tanz und Theater zum Zuge gebracht werden. Der thematische Zusammenhang gibt den Ausschlag, *Grenzüberschreitungen* sind erwünscht.

(7) Zusammengefaßt kann ästhetische Erziehung in der Grundschule als verantwortlich geplante und durchgeführte Einführung in *symbolisches Denken und Handeln*, d.h. hier: Vorstellen und Gestalten — mit anderen Worten: in das Wesen und den Sinn künstlerischer Ausdrucksarbeit — verstanden werden.

Dieser Kanon von Aufgaben — im Sinne genereller Orientierungen — ist weder vollständig noch logisch. Der gescheiterte Versuch, Lernziel-Taxonomien für diesen Bereich aufzustellen und zu realisieren, hat den Spekulationen über sinnvolle Orientierungen wieder Raum gegeben.

Dies ist eine solche Spekulation, wie sie m.E. notwendig sind, um einerseits Einsichten und Ansprüche beweglich zu halten und weiterzutreiben und andererseits die pädagogische Praxis vielleicht doch zu treffen und vielleicht auch zu bewegen. Nach meiner Erfahrung taugen dazu eher auslegbare Ideen als detaillierende Anweisungen — jedenfalls, wenn Unterrichten und Erziehen als selbstverantwortliche, kreative und themenzentrierte interaktive Tätigkeit aufgefaßt werden, wie ich es für ästhetische Erziehung für unabdingbar halte.

Zu (1): Verbindung mit den Künsten

Natürlich haben Kinder, wenn sie in die Schule kommen, bereits Bezüge zur Kunstwelt der Erwachsenen. Entweder haben Eltern oder andere Erziehungspersonen (im Kindergarten, in der Verwandtschaft etc.) sie schon auf Kunstwerke oder künstlerische Vorgänge aufmerksam gemacht, vielleicht sogar ein wenig mit Sinn und Bedeutungen vertraut werden lassen. Letzteres dürfte aber eher die Ausnahme sein — trotz Fernsehen, Bilderpresse etc.

Die Grundschule kann erstmals systematisierend, generell und langfristig diese Aufgabe entwickeln. Nach meiner Auffassung hat sie Verantwortung dafür, daß die Kinder, die ihr für Unterrichtung und Erziehung anvertraut sind, in der ästhetischen Erziehung eine Beziehung zu den Künsten aufbauen, erweitern und vertiefen. Zu möglichst vielen Künsten: Zeichnung, Malerei, Plastik, Objekt, Bauen, Singen, Instrumentalmusik, Rhythmik, Musiktheater, Gymnastik, Tanz, Athletik, Schwimmen, Sportspiel, Dichtung, Vortrag, Aufführung etc.

Beziehung ist hier gemeint als "Liebe zu"; die *positive* Beziehung ist das allerwichtigste. Dazu muß sich das Verhältnis repressionsfrei, vielgestaltig und einsichtig – das heißt erfahrungsnah – aufbauen können. Das verlangt Entschiedenheit für das Wichtige und entsprechendes Weglassen und eine Auswahl, die die Verknüpfung von bisherigen Erfahrungen mit dem, was neu entdeckt und erworben werden soll, garantiert. Beides setzt eigenen Kunstbezug bei den Lehrenden (in möglichst vielen Bereichen und mit entschiedenen und relativierbaren Vorlieben) voraus, der für die Kinder anregend, beziehungsbildend wirksam ist, und – gleichermaßen – den Bezug (die positive Beziehung) zu *Kindheit*, in der die Vorformen künstlerischer Tätigkeit als Spiel/Spielen ausdrucksbetont gegeben sind.

Gemeint ist also nicht eine direkte Kunstlehre für Kinder (das führt im Endeffekt eher zu Ablehnung und Verdrossenheit), sondern die einfühlsame und behutsame, d.h. auch weitsichtig gesehen dosierte Verknüpfung dessen, was der Ausdruckstätigkeit der Kinder und der künstlerischen Ausdruckstätigkeit gemeinsam ist. Konkret heißt das, daß jede Situation, in der die Kinder Ausdruckstätigkeiten entwickeln sollen und entwickeln, mit dem Kunstauge, mit einem Kunstnexus / Kunstinteresse zu überprüfen ist. Und wenn sich Möglichkeiten zeigen, Kunstwerke einzubeziehen, dann soll es, wo und wie auch immer, geschehen. Dazu genügen schon Kunstpostkarten, Musik von einer Kassette, Vorsingen, Ausschnitte aus Fernsehsendungen (es gibt Brauchbares), anspruchsvolle Lyrik usw.

Und umgekehrt heißt das, daß das Hervortreten von Kunst im Alltagsleben (Aufführungen und Ausstellungen etc. im engeren und weiteren Lebenskreis der Kinder), wo und wie immer es geht, einbezogen werden soll. Dazu ist ständige Aufmerksamkeit für das, was im *Kulturleben der Region* vor sich geht, notwendig, ferner ein entwickeltes Urteil über die jeweilige Qualität. Das ist nicht als Rangstufe der Differenzierung und Undurchschaubarkeit gemeint, sondern als Qualität der Konzentration, Intensität und Lebendigkeit. Sofern dies bejaht werden kann, läßt sich auch die Frage der Zugänglichkeit für die Kinder im jeweiligen Alter beantworten. Gemeint sind hier nicht nur die sogenannten "hohen Künste", sondern gezielt und betont auch die sogenannten "niederen Künste" wie Zirkus, Varieté, Akrobatik, Sportvorführungen (einschließlich Fußball!), Wandmalerei, Graffiti, Straßenmusik usw.

Der Anspruch, der hier erhoben ist, kann als "kultureller Auftrag" der Grundschule für die "Grundlegung von Kunstinteressen", als Verantwortung für das Entstehen der "Liebe zur Kunst" – oder wenigstens einiger Vorlieben für künstlerische Arbeit und Kunstgebrauch – verstanden werden.

Zu (2): Ausgehen vom Alltagsleben der Kinder

Damit der geforderte dauerhafte, ergiebige, interessierte "Kunstbezug" entstehen kann, ist unerläßlich, Verbindungsfäden aus dem Leben der Kinder aufzunehmen. Wir müssen ihr alltägliches Leben (wenigstens in Ausschnitten) kennen, um sehen zu können, wo Anknüpfungsmöglichkeiten sind. Natürlich liegen sie in allen Formen von wirklichem *Spiel,* also in den nicht von Erwachsenen vorgeformten und beaufsichtigten, den nicht-pädagogisierten Spielen: wenn Kinder vor sich hinsingen oder im Singen ihren Gefühlen (inhaltlichen) Ausdruck geben, wenn sie im Sand und auf Wänden zeichnen, wenn sie laufen und spielen in gemeinsamen Aktionen, die sie selbst beginnen und lenken, in ihren Spracherfindungen, im spontanen Tanzen und Vorführen.

Anknüpfungspunkte liegen auch in den für Kinder gemachten Büchern, Bildern und Sendungen. Es gibt solche, die thematisch wichtig, aber in der Formung weniger überzeugend sind: Aus diesen lassen sich thematische Anregungen gewinnen; schließlich gibt es solche, die den Kindern etwas Thematisches aufdrängen (aus welchen Gründen auch immer) und im allgemeinen dann auch keine besondere Qualität der Formung haben: Gelegentlich sollten auch solche Gegenstand oder Ausgangspunkt von ästhetischer Erziehung sein, nämlich zur Entfaltung von kritischer Sicht, Durchschauen von Interessenmanipulation und Aufbau von Gegenkräften und -beispielen.

Der Alltag der Kinder ist vielgestaltig und reichhaltig genug, um immer wieder von dort her etwas ansetzen zu können — am besten, indem bestehende ästhetische Aktivitäten erweitert und vertieft werden und in neue Thematisierungen übergehen.

Ich kenne den Vorwurf, das sei illusionär, weil das Kinderleben verarmt, verödet, egalisiert und mechanisiert sei. Daran ist gewiß etwas Richtiges. Wir müssen die Tendenzen der Ausleerung und Besetzung des Kinderlebens durch *Medien* und deren verarmende Wirkungen ernst nehmen und sehr viel dafür tun, daß Alternativen entstehen und genutzt werden können, in der Schule und zu Hause, auf der Straße und im Urlaub.

Andererseits, wenn ich sehe, was Kinder — immer noch — auf der Straße, auf Spielplätzen, in offenen Situationen (zuträglichen, anregenden, wenigstens unbelasteten), in Familienleben oder Kindergarten an Spontaneität, Erfindungsreichtum und Gestaltungskraft entwickeln, dann würde ich sagen, daß längst nicht alles verloren ist. Vielmehr besteht doppelter Anlaß, im Raum der Schule die Anregungen von außen, die Verkümmerungen dort, die Verletzungen ernstzunehmen und durch *Gestaltung* zu bearbeiten. Ich erinnere mich an ein Praktikum von drei Studentinnen in einer "toten, uninteressierten, widerspenstigen" 3. Klasse, wo mit dem Ausgehen von der "Lieblingsbeschäftigung" (angeblich) "Fernsehen" und mit dem scheinbar läppischen Thema "Goldrausch in Mexiko" alles an verknüpfter und gesonderter ästhetischer Aktivität in Gang gesetzt und zu einem überzeugenden Ende gebracht werden konnte, was ich hier als Aufgaben und Möglichkeiten gekennzeichnet habe — und man sich nur wünschen kann. In den Studentinnen waren Wut und Verzweiflung aufgekommen, ihnen standen die Tränen in den Augen, als sie ihre Praktikumsklasse erlebten und davon berichteten. Sie wollten nicht in die Öde, den Zank, die Abwehr zurückkehren; und sie lernten durch "Aufräumen bei sich selber", tieferen Einblick in die Lebenswelt dieser Kinder, Verstehen der Lehrerin (der "bösen Mutter") neue Aufgaben sehen, Anknüpfungspunkte finden, eigene Bearbeitungsmöglichkeiten vorab probieren und Kinder anzuleiten zu vielseitiger, sinnvoller ästhetischer Aktivität.

Die Klasse schien am Ende "begabt", machte Aufsehen in der Schule, die Lehrerin war stolz. Die Studentinnen hatten für sich selbst wichtige neue Prozesse ingang zu setzen gelernt und mühsam und immer besser in Anregungen (Begabungen) übertragen. Alle verwandelten sich ein wenig in diesem Prozeß, am meisten wohl die Studentinnen. (9)

Und es gab Anknüpfungspunkte für die Künste: im Bildlichen, im Szenischen, in der Sprache – Offenheit für die nächsten Schritte auf diesem Wege.

Zu (3) Thema Gefühle

So merkwürdig dies scheinen mag: es ist wahrscheinlich die Ebene der ästhetischen Erziehung, auf der sich entscheidet, ob nochmals eine Neuorientierung gelingt. Nach den Versuchen, die Rationalität zu stärken (60er Jahre), den kritischen Durchblick zu entwickeln (70er Jahre), die sinnliche Erfahrung stärker ins Spiel zu bringen (80er Jahre) scheint mir am Ende dieses Jahrzehnts nötig, der Emotionalität Raum zu schaffen.

Im Abschnitt "Bewegung und Bewegtheit" habe ich einiges ausgeführt dazu. Ich möchte hier noch einmal darauf hinweisen, daß der Umgang mit Furcht und Mitleid, Freude und Trauer, Wut und Gleichmut, Liebe und Haß, Angst und Vertrauen, Gewißheit und Zweifel usw. das ist, was gewöhnlich nicht gelernt wird, jedenfalls in der Schule nicht und meist auch außerhalb nicht; jedenfalls nicht als Lernen in der Gruppe.

Dagegen wird meistens und überall vorausgesetzt, daß die Menschen damit umgehen können, jedenfalls so, daß es den betroffenen anderen Menschen keinen Ärger oder Schaden bringt. Aber wie soll ein menschlicher Umgang mit diesem merkwürdigen Phänomen gelingen, wenn es nicht *Gelegenheiten* des Lernens, der Reflexion, der Bearbeitung gibt? Es sind ja nicht nur Phänomene, Erscheinungen, sondern besondere *Kräfte*, mächtige *Energien*, die der Lenkung, der Formung bedürfen. Wir können die Gefühle als "Substanzen des Menschlichen" verstehen, die energetisch wirken. Dann käme es darauf an, daß wir – entsprechend anderen Stofflichkeiten und Energien – Gestaltung anstreben.

Aufgabe der ästhetischen Erziehung wäre, sich an der Gestaltung des Gefühlslebens zu beteiligen, Aufgaben der Bearbeitung zu übernehmen und zu Formungen beizutragen.

Das hieße Verdoppelung: Gestaltung durch Gestaltung. Diese Formel, so simpel sie klingen mag, ist eines der Geheimnisse oder der Vermögen, die in der ästhetischen Erziehung liegen. Wir können durch Ausdrucksarbeit dazu beitragen, daß sich Anteile unseres Lebens formen, in diesem Falle die Emotionen. Hier würde sich etwas von dem Anspruch, daß Unterricht und Erziehung zur *Bewältigung von Lebensaufgaben* beitragen, erfüllen können: nicht in der naheliegenden Form, unmittelbar praktisches Wissen und Können für berufliche und alltäglich pragmatische Ansprüche zur Verfügung zu stellen oder vorzubereiten, sondern den Lebensprozeß, wie er insgesamt und außerhalb des Zweckhaften oder im Verhältnis dazu verläuft, zu formen, formen zu helfen.

Man mag das für übertrieben halten oder für eine überzogene Zielsetzung. Andererseits, wo ist in der Schule ein Ort für solche Aufgaben? Oder gehen diese Aufgaben die Schule nichts an, höchstens im Religionsunterricht — sofern er stattfindet? Es ist ein uraltes, immer wieder erneuertes Ziel der Künste, den Menschen das Leben zu zeigen — die Rätsel, die Schönheiten, die Probleme, das Unglück, die Häßlichkeit.

Es ist zweitens eine uralte und immer wieder erneuerte Hoffnung, daß die Menschen aus diesem Zeigen etwas lernen für ihr Leben, daß sie ihr Leben besser verstehen und besser leben können, für sich und andere. Mindestens die tiefere Einsicht, das differenziertere Verstehen kann nicht ausgeschlossen werden. Natürlich kann Kunst dies alles sein und tun, ohne auf das moralisch Bessere und die Wahrheit zu zielen, sie kann geradezu der Verfälschung und dem Betrug dienen. Ebenso die Ästhetische Erziehung.

Was der Wahrheit dient, was den Menschen in Wahrheit dient, muß jedenfalls in einer zweiten, nun moralischen Anstrengung, die den Kontext im einzelnen (den einzelnen Menschen in seiner Lebenslage) und im ganzen (die gesellschaftliche Situation) reflektiert, herausgefunden und zu verwirklichen versucht werden.

Aber zuvor — und das ist die Möglichkeit und die Chance der Kunst und der ästhetischen Erziehung — kann und muß es sich zeigen, muß es gezeigt werden: das Rätsel, die Schönheit, die Probleme, das Unglück, die Häßlichkeit. Es muß gezeigt werden als geformter Ausdruck, damit es gesehen, erfahren, aufgenommen werden kann.

Unter solchem Anspruch will ich darauf beharren — und dies ist eine erneute Verbindung zwischen den Künsten und dem, was ästhetische Erziehung bearbeiten kann und soll —, daß es Aufgabe der ästhetischen Erziehung ist, *Gefühle zum Thema* zu machen und in konkreter Ausdrucksarbeit zu *vertiefen*, zu verändern, aufzuheben oder hervorzurufen. In der Grundschule heißt das, auf die Gefühlsregungen einzugehen, die das Leben der Kinder bestimmen, durchsetzen, erschweren, erleichtern. Es heißt unter dem Anspruch integrierter ästhetischer Erziehung: dem in Bildern, in Musik, in Körperausdruck und Körperbewegung nachzugehen und gestaltend Ausdruck zu geben.

Ästhetische Erziehung übernimmt hier etwas in gewandelter Form und verändertem Anspruch, was Schiller einmal als "moralische Anstalt" für das Theater reklamierte. Nicht, daß hier ein Moralunterricht eingeführt oder vorbereitet werden soll; im Gegenteil, es soll überhaupt erst hervorgebracht werden, was dann Gegenstand moralischer Fragen ist.

Wenn wir die Gefühle ernst nehmen – wir sollten es, bei den Kindern und bei uns selber –, dann kommen wir nicht an der Tatsache vorbei, daß alle Gefühle mit *Moral* zu tun haben, individuell und gesellschaftlich; ob es um Liebe oder Haß, Freude oder Trauer, Gewißheit oder Zweifel geht.

Aber die Moral, Moral überhaupt, ist nicht die Zielsetzung ästhetischer Erziehung, wenngleich sie unausweichlich ins Spiel kommt, sobald es Ernst wird im Spiel.

Moral ist nicht nur die Lehre, die aus etwas gezogen werden soll oder eine unangenehme Vorschrift, sondern auch die Kraft von Grundsätzen und Werten in einer Gesellschaft, schließlich auch so etwas wie eine *persönliche Energie*, für das Gute oder das Bessere einzutreten.

Es wäre so schlecht nicht, wenn ästhetische Erziehung dazu beitrüge, etwas Derartiges als möglich zu zeigen. Die Kraft dazu bildet sich in Auseinandersetzungen und der Darstellung dieser Auseinandersetzungen. Ihr Äquivalent im Innern ist die Formung der Gemütskräfte. Seit das Gemüt "abgeschafft" wurde, nur noch in der Schwermut überdauert, wirkt es anachronistisch, auf die Formung, die mögliche, von Gemütskräften hinzuweisen. Im Zusammenhang mit Gefühlsarbeit scheint mir aber Gemüt der Sammelort und richtige Ausdruck für das, was in der Empfindung, in den Anmutungen, im Gefühl vor sich geht.

Wenn es schon so schwer ist, die Seele als etwas, was der Mensch hat oder was in ihm wohnt, anzuerkennen, dann mag es vielleicht fürs Gemüt gerade möglich sein.

Zu (4): Die Künste und die Kunst

Aus dem bisher schon Gesagten geht hervor, daß die einzelnen Künste, künstlerischen Fächer, Ausdrucksrichtungen in der ästhetischen Erziehung in der Grundschule nicht aufgelöst werden sollen zugunsten einer ständigen und ununterscheidbaren Vermischung. Es kann nötig und richtig sein, Musik und Bild und Körperausdruck/Körperbewegung so dicht aufeinander zu beziehen, daß sie wie eins erscheinen. Das wird nicht die Regel sein.

Öfter wird es sich um ein Neben- oder Nacheinander handeln, wie es sich aus der Folge von Aktivitäten in einem thematischen Zusammenhang als sinnvoll ergibt. Entscheidend ist, daß die "Beiträge der Fächer" sich aufeinander beziehen und, wenn möglich, voneinander profitieren. Das ist möglich in der Form von gegenseitigen Anregungen, von Wiederholungen im Wechsel der Medien, von Auslegung des je anderen, von Stellungnahmen und Fortführungen. Hier ist ein neues Feld der Bezüge, Verknüpfungen, der *Phantasie der Verbindungen* zu entwickeln. Gerade in der Art und Vielfalt der Korrelationen (Formen der Verbindungen) und der Trennungen (Betonung der Verschiedenheit) liegt eine ungemein spannende Aufgabe. Hier ist auch ein Schlüssel für das Maß des Gelingens und der Qualität der Integrationen: wie ein Bild in eine Musik eingebracht wird, eine körperliche

Darstellung sich in einer Zeichnung fortsetzt, ein Gedicht in einen Tanz übergeht, aus Farben Bewegungen hervorgehen, Gestik zu Wörtern überleitet, ein Rhythmus Bewegung, Töne und Bilder im Gefolge hat . . .

Die Künste sollen *eine* Kunst sein, zugleich oder nacheinander, zueinander und voneinander: Kunst der Darstellung von Leben. Leben als Erfahrenes und als Vorstellbares. Nachahmung und Entwurf, Gewesenes und Noch-nicht. Dazu ist auf dieser Stufe, in dieser Lage mehr nötig als ein Fach, als eine Kunst je für sich.

Zu (5): Artifizielle Leistungen und Thematik

Dieser Punkt hat zwei Aspekte: die artifiziellen Leistungen in den Künsten und die artifiziellen Leistungen von Kindern. Auf der Seite der *Wahrnehmung* (Rezeption) sollen den Kindern, allen, möglichst früh Zugänge zu Kunstwerken der Musik, der Bildenden Kunst und zu Vorführungen von Körperkunst vermittelt werden. Das wird zunächst immer heißen, daß der thematische Zugang zurücksteht hinter den formalen Zugängen, die die artifiziellen Leistungen, das besondere künstlerische Können berücksichtigen. Gewöhnlich geht man zur Bewunderung der Werke an die fremden Orte (Kunstmuseum, Konzertsaal, Sportstätte, Theater etc.), was thematisch sich dabei anbietet, tritt zurück oder muß in besonderer Anstrengung im nachhinein bedacht werden. Die ins Auge gefaßte Bewunderung, die ja durchaus angebracht sein kann, kommt dabei z.T. nicht zustande oder zu kurz. Das Fremde dominiert; und die Hilflosigkeit, mit dem Fremden verständig umzugehen. Ich habe es relativ oft so gesehen, wenn ich Schulklassen – in Museen z.B. – beobachtet habe. Die Fülle verwirrt, das eigene Motiv fehlt, die Situation ist unvertraut, das Fremde bleibt fremd. Da hilft meist auch die organisierte Museumspädagogik nicht. Sogar die voraus entwickelte Vorbereitung auf die Situation und inhaltliche Vorausarbeit sind nicht immer ausreichend: zu viel kommt in der Situation zusammen und wirkt zerstreuend.

Dennoch sollten wir diese Wege der Annäherung an Kunst, an Kunstwerke, Kunstprozesse, Kunstsituationen nicht aufgeben. Es ist notwendig, sie in aufbauenden Schritten mit jeweiliger inhaltlicher Vorbereitung verknüpft zu gehen. Deshalb sollten bei der Durchführung fächerintegrierter Projekte die Frage und Aufmerksamkeit mitgeführt werden, wie und wo Erfahrung in und mit Kunstwerken, die thematisch mit dem Projektzusammenhang sich verbinden lassen, einbezogen werden können. Solche Gelegenheiten wahrzunehmen heißt, das Problem der Abgliederung der Künste aus dem Leben und das Problem der Isolierung der Kunstwerke aufnehmen und bearbeiten. Im übrigen sollte gelten, daß jeder wie auch geartete Zugang zu Kunst und einem einzelnen Kunstwerk insbesondere als Aufgabe der Verknüpfung in die Selbsterfahrung im konkreten Alltagsleben zu sehen ist. Erst so kann der herrschenden Tendenz der Verselbständigung der Werke gegen die Lebenspraxis begegnet werden. Anstelle der gewöhnlichen Isolierung der Werke und Isolation der Personen ihnen gegenüber sollen sich Zuwendung, Verbindung, Hereinnahme ins eigene Leben entwickeln: unter inhaltlichen Ansprüchen der Beziehung und des Gebrauchs.

Der zweite Aspekt des Artifiziellen, d.h. der künstlerischen Leistung in der Formbildung und im Anspruch gilt den Kindern, die auf diese Bahn sich bewegen.

Es ist bekannt, daß infolge außerschulischer Förderung einzelne Kinder bereits früh mit besonderen künstlerischen (oder auf künstlerisches Niveau zustrebenden) Leistungen aufwarten können oder daß es gelingt, in Kursen für Instrumentalmusik, für bildliche oder sportliche Spezialgebiete (Zeichnen nach Modell, Malen nach Strukturgesetzlichkeiten abstrakter Kunst, Tanz-Gymnastik etc.) spezielle Leistungen zu erreichen.

Dem kann und soll ästhetische Erziehung Rechnung tragen. Mein Vorschlag ist, diese Leistungen nicht, wie es teilweise geschieht, als das Besondere und allein Vorführwürdige herauszustellen und regelhaft zu wiederholen (das mag zuweilen geschehen), sondern zu versuchen, es in gemeinsame Aufgaben als Akzentuierung einzubauen und dort thematisch wirksam werden zu lassen. Dies scheint eine nur kleine Aufgabe, wird aber in der Praxis mit erheblichen Schwierigkeiten verbunden sein. Die spezielle Leistung und ihre entsprechende Bewunderung haben ja auch die Funktion, den hervorbringenden Personen einen Sonderstatus zu sichern. Dies geschieht besonders als Betonung formaler artifizieller Leistungen — gegen die Bindung an Inhalte und zuweilen auch gegen andere Personen, die damit zurückgesetzt und schlecht bewertet werden. Ich wende mich gegen die Einführung von Gesichtspunkten des Kunstmarktes in schulische Zusammenhänge und plädiere dafür, die übergreifenden Begründungen und Aspekte von Themen (Projekten) zur Richtschnur zu machen. Die Lerngruppe als sozialer Verbund muß auch ein Verbund der ästhetischen Ausdrucksleistung sein. Das ist besonders schwer im Bereich der Bildkunst, die die Tendenz der Vereinzelung hat, und macht erhebliche Mühe noch in Musik und Sport. Aber es scheint mir geradezu eine Probe auf die Kraft der thematischen Bindung und Zielsetzungen, daß es gelingt, die ästhetischen *Sonderleistungen einzubeziehen.*

Auch ohne extreme Unterschiede gibt es in den Ausdrucksleistungen der Kinder einer Lerngruppe Verschiedenheiten genug. Sie fordern in jedem Falle, daß Kombinationen und Ergänzungen entstehen oder entwickelt werden. Die Arbeit der Lerngruppe insgesamt muß gesehen und gewürdigt werden: als differenziertes und thematisch umfängliches Werk, in dem die Einzelleistungen ihren Ort haben. Die Überwindung der Fächertrennungen muß auch die Überwindung der Isolation des Arbeitens und der Leistungen sein: nicht Gegeneinander und Abwertung in der Konkurrenz gegen die Besten, sondern verständiges Nebeneinander, wenn möglich Miteinander, vielleicht sogar Füreinander.

Das heißt nicht, daß besondere Leistungen nicht aufkommen oder einbezogen und gewürdigt werden könnten; aber wenn es irgend geht, sollen sie einen "sozialen Ort" haben, auf die inhaltlichen Aufgaben, an denen die Lerngruppe arbeitet, bezogen sein. Das wendet sich nicht gegen die Werk-Idee in der künstlerischen Arbeit, es gibt dieser vielleicht sogar besonderen Auftrieb. Werke sollen entstehen und als Leistungen gewürdigt werden; aber sie sollen in Beziehungszusammenhängen entstehen oder in sie einmünden können, in Beziehungen von Menschen zueinander, die an einer gemeinsamen Aufgabe arbeiten oder miteinander leben – und in Beziehungen von Menschen zu diesen besonderen Gegenständen oder Vorgängen, die sich in den Künsten oder in der ästhetischen Erziehung herausbilden. Das wird die "Erkenntnis der Besonderheit der Werke" fördern, ohne sie aus dem Anspruch eines Gebrauchs im Lebensprozeß, im konkreten alltäglichen Leben, zu verlieren.

Wenn es gelingt, diese Grundsätze bei den Kindern, bei ihren Eltern, in den Kollegien zum Thema zu machen und durchzusetzen, wird ästhetische Erziehung in der Grundschule vielgestaltiger, lebendiger, aufregender sein als in den Sonderungen, die der offizielle Kulturbetrieb z.B. oder die Kunstmärkte vorgeben, aber nicht zu Leistungen in einer Kultur für viele zu machen imstande sind.

Zu (6) Grenzüberschreitungen

Es ist nicht einzusehen, daß ästhetische Erziehung in integrierter Form auf Kunst/Musik/Sport begrenzt sein soll. Dichtung, Tanz, Theater gehören mit gleichem Anteil und Anrecht dazu.

Da die vorgegebenen Strukturen der Institution Schule und der Konzeption Allgemeinbildung in der bestehenden Form die umfassendere Auslegung Kunst/Musik/Sport/Dichtung/Tanz/Theater nicht zulassen, schon gar nicht eine ungefächerte allgemeine integrale Einheit Ästhetische Erziehung, sollte in der bestehenden bzw. schulisch möglichen Form Kunst/Musik/Sport die Aufgabe der Grenzüberschreitung gesehen werden. Alles was zu Kunst, Musik und Sport als Begründung für Integration ausgeführt ist, kann auch für Dichtung, Tanz, Theater geltend gemacht werden.

Im Blick auf den Sachunterricht als Lernbereich ist deutlich, was alles an Fachaspekten zugunsten einer übergreifenden Thematik einbezogen werden kann und daß der Lernbereich als Dach oder Haus der Fächer mehr ist als ein Sammelort: nämlich ein Integrationsraum unter übergreifenden Gesichtspunkten.

So soll es auch in der Ästhetischen Erziehung sein und entwickelt werden. Im Haus der Integrationen muß man sich einrichten und wohnen. Die Hausgemeinschaft ist auch eine Arbeitsgemeinschaft; wer dazuzieht und mitarbeitet, gehört dazu.

Die Gesetze und Ideen des Hausens und Arbeitens werden gemeinsam entwickelt, sie werden sich je nach Gemeinschaft und Gewichtungen verschieben. Eine gemeinsame *Basis in Grundfragen* muß gelten und sich immer wieder erneuern. Dazu gehören das Gesetz oder der Auftrag der Grenzüberschreitung. Wenn es das Gemeinsame der Künste – wie es dargestellt und mit Konsequenzen für die ästhetische Erziehung gekennzeichnet wurde – gibt, und wenn es das Trennende der Künste als Herausforderung und Anregung/Antrieb gibt, dann hat ästhetische Erziehung in der jetzt möglichen Kombination von Kunst/Musik/Sport den Auftrag, wo es thematisch möglich, inhaltlich sinnvoll, methodisch ergiebig ist, *andere Versionen der Gestaltung* – also z.B. Tanz oder Theater oder Dichtung –

einzeln oder kombiniert – *einzubeziehen.* Sie würde ihren Auftrag verkennen oder verleugnen, wenn sie sich gerade dies nicht auch zur Aufgabe machte: es geht um die Intensität der Gestaltung, die Verknüpfung der Aspekte. Was als Medium dienlich ist, hat Recht und Anspruch in der ästhetischen Erziehung als integriertem und integrierendem Lernbereich.

Zu (7) Symbolisches Verstehen

Mit dem Begriff "symbolisches Verstehen" fasse ich zusammen, was ich im ersten Hinweis mit symbolischem "Denken, Handeln, Vorstellen, Gestalten" bezeichnet habe.

Meine Ausführungen insgesamt münden in diesem Punkt. Sie können als Vorbereitung der Schlußfolgerung, daß es letztendes auf das "symbolische Verstehen" ankommt, verstanden werden. Ich spreche von "Verstehen", weil ich denke, daß "das Verstehen" das ist, worauf die Praxis ästhetischer Erziehung hinauslaufen muß. Nicht die intellektuelle Leistung für sich (Denken, symbolisches Denken), nicht das Handeln für sich oder allein das Vorstellen von symbolisierender Tätigkeit, auch nicht symbolisches Gestalten (als zentrale Form solchen Handelns und Vorstellens), sondern das alles zusammen und wechselnd zusammengefaßt als Verstehen, symbolisches Verstehen, scheint mir letztlich der Sinn, das Ziel ästhetischer Erziehung. Verstehen gebrauche ich hier in dem grundsätzlichen weiten Anspruch von "Leben-Verstehen", das eigene, das andere. Lernen fürs Leben-Verstehen. Lernen, was die Entfaltung der Wahrnehmung und der Ausdrucks- und Darstellungskräfte dafür hergeben: in dem Sinne wie ALFRED NORTH WHITEHEAD von der Vernunft verlangt hat, *"daß sie die Kunst zu leben fördert".*

Symbol, symbolum, symbolon (gr.) ist das Zusammengeworfene, das Zusammenfügen (sym ballein).

Es ist die Rede davon, daß symbolon die Bezeichnung für einen "Erkennungsvorgang" war, wenn die auseinandergebrochenen oder zertrennten Stücke eines Gegenstands, die den sich Trennenden mitgegeben wurden, beim Zusammentreffen wieder zusammengefügt werden konnten. Bruchstücke mußten sich wieder zum Ganzen fügen, damit durch dieses Zeichen die Zusammengehörigkeit bewiesen war. Das ist selbst ein symbolischer Vorgang, der die Bedeutung von Symbol deutlich macht: eine Erklärung durch Symbolisieren, Beweis durch Zusammenfügen. Es wird Klarheit in der Sache geschaffen, die Begegnung heißt und Beweis der Identität von beiden Seiten in einem Akt der Fügung von Teilen zum Ganzen fordert.

Daß das Ganze bereits einmal bestand und für diesen späteren Zweck zerbrochen wird – das ist, symbolisch gesehen, eine "dunkle Geschichte" oder der dunkle Teil dieser Geschichte. Am Anfang steht ein Ganzes, die Einheit, wie immer dies im weiteren gedeutet werden mag.

Die aktuelle Erklärung zu Symbol lautet (DUDEN, Großes Wörterbuch der deutschen Sprache, Mannheim 1981):

"Gegenstand oder Vorgang, der stellvertretend für etwas nicht Wahrnehmbares, Geglaubtes steht, so daß darin Wahrnehmbares und Nichtwahrnehmbares zusammenfallen."

Das ist eine knappe, aber hinreichende und auslegungsfähige Erklärung, der ich nur noch hinzufügen will, daß im Griechischen "bolos" das Werfen z.B. des Fischernetzes ist und auch dieses Netz selbst bezeichnet und daß "symbolon" nicht nur das Wort für Wahrzeichen, Merkmal, Kennzeichen, Signal war, sondern auch für "die Verhältnisse des alltäglichen Lebens", Verkehr, Vertrag und Verhandlung.

Ich schließe mit einem Aphorismus aus den "Phantasien der Wiederholung" von Peter Handke:

Die Zypresse hing voller Flieder: es war der durchschimmernde blaue Himmel (dieses Tages).

Anmerkungen

1) Synästhesie, wörtlich Mitempfindung, ist "die Reizempfindung eines Sinnesorgans bei Reizung eines anderen" oder "die Verschmelzung mehrerer Sinneseindrücke".

2) Z.B. die Giganten der Bildhauer Thorak und Breker oder die Fotoreihen aus "Glaube und Schönheit" usw.

3) Im Sammelband "Die Wiederkehr des Körpers."

4) Dietmar Kamper Hrsg., Die Wiederkehr des Körpers, Frankfurt am Main 1982.

5) Ägyptische Plastik/Skulptur z.B. und der "Apoll von Tenea" oder afrikanische Plastik usw.

6) In deutscher Fassung: Ashley Montagu, "Zum Kind reifen", Klett-Cotta, Stuttgart 1984.

7) Alice Miller, "Das Drama des begabten Kindes", Suhrkamp, Frankfurt/M 1979.

8) Performances sind Inszenierungen, in die Erfahrungen und Methoden der modernen Medien oder entsprechende Spaltungen der Wahrnehmung und des Bewußtseins eingebracht sind.

9) Darstellung der Unterrichtseinheit in der Zeitschrift "Mitteilungen des BDK" (Bund deutscher Kunsterzieher) in einer Folge von Beiträgen; Hefte 3/1981 – 4/1982.

Der Beitrag der Fächer:

Matthias Duderstadt

Kunst: Sinnfragen

I.1

Ein Kind von einem Jahr, vor ihm liegen alle möglichen Dinge – eßbare und andere. Es berührt einen Gegenstand vorsichtig mit der Spitze seines Zeigefingers und greift ihn dann mit der ganzen Hand. Es nimmt den Gegenstand hoch, führt ihn an die Lippen, befühlt ihn mit der Zunge, steckt ihn in den Mund.

So, beispielsweise, nähert sich ein Kind einem Gegenstand der Außenwelt: Es sieht ihn (visuell), berührt ihn mit der Fingerspitze (haptisch), hebt ihn an (kinästhetisch), führt ihn zu den Lippen (kinästhetisch/haptisch), berührt ihn mit der Zunge (Geruch, Geschmack, Haptik) und entscheidet sich dann, ob es das Ding ausspuckt oder nicht (Abb. 1).

Abb. 1

Die nach außen gerichteten Sinne (im Unterschied zu den Organempfindungen etwa, die uns nur über Innerkörperliches etwas erfahren lassen) 'sagen' uns immer zweierlei: Sie sagen uns etwas über die Dinge der Außenwelt, und sie sagen uns etwas über uns. Resultate der einen Seite (oder Richtung) unserer Sinnestätigkeit können wir Erkenntnisse nennen, Resultate der anderen Seite (oder Richtung) Empfindungen und Gefühle. Wahrnehmungsvorgänge dieser Art sind also subjekt- *und* objektbezogen.

I.2

Ein Erwachsener, er sieht ein Brötchen. Er schneidet es auf, streicht Butter auf eine Hälfte und ißt sie auf.

Er sieht das Brötchen an und glaubt dadurch zu wissen, daß es eßbar ist. Sicherlich riecht und schmeckt er etwas. Aber der Gesichtssinn dominiert die anderen, sie spielen eine untergeordnete Rolle. Und dies, obwohl uns der Gesichtssinn, bedenkt man seine Leistungsfähigkeit grundsätzlich, nichts über die Qualität (über den Geruch, den Geschmack, den Tasteindruck im Mund und auf der Zunge) vom Eßbarem mitteilen kann.

I.3

Ein Erwachsener, er sieht eine Frucht, die er nicht kennt. Er nimmt sie in die Hände, befühlt sie; er riecht an ihr – Riechen: schnelles, rhythmisches Schnüffeln. Er führt sie zum Mund, befühlt sie mit der Zunge, kaut dann vorsichtig: Runterschlucken oder Ausspucken?

Selten die Momente, in denen einem dieses noch widerfährt: Daß der Gesichtssinn in den Hintergrund tritt, die anderen Sinne dessen Begrenztheit deutlich machen.

I.4

In einer Holzhandlung: Bohlen, Quader, Rohformen aus vielen verschiedenen Hölzern mit fremdartigen Namen: Brasil, Tchitola, Massaranda, Stika-Spruce, Fernambuk, Basswood, Buchsbaum, Pockholz, Bruyére. An einer Wand lehnen zwei Balken, 'Kiefernholz' sagt es in mir. Schwungvoll hebe ich den Balken an und gerate aus dem Gleichgewicht; fast wäre ich hingefallen. Was ist geschehen? Ich sehe den Balken, und etwas in mir gibt meiner Muskulatur die Spannung, die erforderlich ist, den durch den Gesichtssinn als Kiefernbalken identifizierten Gegenstand anheben zu können. Aber der Balken ist aus Balsaholz, was ich durch Tasten und Anheben hätte herausfinden können. Arroganz des Gesichtssinnes. Ein anderes Beispiel: Es ist Winter, ich will ins Auto steigen. Die Hände sind feucht vom Schneeballwerfen. Ich fasse den Türgriff an und bleibe mit der ganzen Hand kleben. Die Hand friert kurz fest. Die Augen haben mich nicht gewarnt, der Tastsinn hätte mich 'aufklären' können.

I.5

Es trifft fast jeden von uns im fortgeschrittenen Alter: Der Gesichtssinn ist so leistungsfähig, ermöglicht so viele Differenzierungen, daß er im Alltagsleben die anderen Sinne weitgehend überflüssig macht. Anders ausgedrückt: Die Augen 'sagen' uns so viel über Gegenstände und Situationen, daß wir Handlungen ohne Rückversicherung durch Eindrücke aus anderen Sinnesbereichen erfolgreich (d.h. auch: ohne Schaden) ausführen können. Überspitzt: Der Gesichtssinn gibt uns ein so genaues Bild, daß wir die meisten Handlungen automatisch auszuführen in der Lage sind.

Dieser Automatismus ist folgenreich sowohl für die Subjekt- als auch für die Objektseite: Weder sind wir uns in automatischen Handlungen unserer Gefühle und Empfindungen bewußt noch unserer Kenntnisse über die Dinge der Außenwelt. Wir hören, fühlen/tasten, schmecken oder riechen etwas, und doch empfinden, fühlen und denken wir nicht. Überspitzt: In unserem Alltags*bewußtsein* bewegen wir uns in einer leeren Innen- und Außenwelt, es ist ein der Trance nicht unähnlicher Zustand; aber wach sind wir dennoch, denn unser Unbewußtes schläft nicht.

II.1

Wir haben die Möglichkeit, uns automatisch gewordene Wahrnehmungsvorgänge wieder bewußt zu machen. Das Autofahren: Wie läuft hier eigentlich das Zusammenspiel der Sinne? Was geschieht beim Abwaschen, was beim Greifen nach einem Buch?

Ich sehe ein Buch auf dem Tisch liegen. Durch den Gesichtssinn bekommt das Gehirn in einem quasi-automatischen Vorgang Informationen über das Gewicht und die durch den Tastsinn erfahrbaren Charakteristika. Ich greife nach dem Buch, die Fingerspitzen fühlen das Material des Einbandes, die Temperatur. Ich hebe das Buch an, und zwar mit einem Kraftaufwand, der in den beteiligten Muskeln und Sehnen bereits automatisch dosiert zu sein scheint. Das Heben ist eine Anstrengung nicht nur der Hand- und Armmuskulatur, sondern des ganzen Körpers (wer einmal gebrochene Rippen hatte, hat es am eigenen Leib gespürt). Der Vorgang ist begleitet von Geräuschen, ja selbst der Geruchssinn spielt eine Rolle. So übertrieben es klingen mag: Das Greifen nach einem Buch ist im Grunde ein komplizierter Vorgang, bei dem wenigstens fünf Sinne beteiligt sind. Der Leser mag selbst durchspielen, welche Sinne beim Autofahren beteiligt sind, wie das Zusammenspiel hier beschrieben werden könnte.

II.2

Gemüsegeschäft, ein Fach mit Tomaten. Sie sehen ähnlich aus. Ich stelle Vergleiche an, suche die heraus, die mir von ihrer Konsistenz und ihrem Geschmack besser als andere erscheinen. Ich kaufe Zwiebeln und eine Knolle Knoblauch.

Zu Hause eine große Schale, ich fühle ihr Gewicht, dann ihre Glasur, erst außen, dann innen. Ich lasse Öl hineinlaufen, rieche es; Essig kommt hinzu, der saure Geruch geht keine Verbindung mit dem des Öls ein. Ich nehme eine Zwiebel, fühle den trockenen brüchigen Mantel, ziehe den Mantel mit einem scharfen Messer ab, bis das grünlich-weiße Fleisch sichtbar wird. Ich schneide die Zwiebel in Ringe und werfe sie in das Essig-Öl-Gemisch. Bevor ich die in Scheiben geschnittenen Tomaten in der Sauce wende, schmecke ich sie mit Salz, Pfeffer, Knoblauch und Oregano ab.

Ich sehe, ich höre (beim Berühren, beim Schneiden etc.), ich rieche (ich weine), ich schmecke, ich taste — fast alles, was später zubereitet in der Schale liegt, ist mehrmals durch meine Hände gegangen.

II.3

Indem wir uns unserer Wahrnehmung bewußt werden, beschäftigen wir uns eingehend mit uns selbst. Diese Art der Selbstbeschäftigung ist im Zusammenhang der Lehrerausbildung und -fortbildung ausgerichtet auf den späteren und auch aktuellen Umgang mit Kindern. Wer mit Kindern zu tun haben wird, und das auch noch als Unterrichtender, muß während seiner Ausbildung Gelegenheit bekommen, sich ausführlicher mit seiner Lebensgeschichte auseinanderzusetzen. Nur so kann er sich in den Kindern wiederfinden oder (im anderen Fall) ihnen ein anderes Verständnis von Dingen und Vorgängen nahebringen. In diesem Zusammenhang empfehle ich immer wieder, die 'Berliner Kindheit um 1900' von Walter Benjamin zu lesen. Wohl jedem werden bei der Lektüre dieser Texte Erinnerungen aus der eigenen Kindheit wach: Dann tauchen plötzlich Bilder, Gerüche, Laute und Geschmackseindrücke aus lang zurückliegender Zeit auf.

II.4

Es geht also um das Bewußtmachen automatisch gewordener Wahrnehmungsvorgänge im transitiven wie im intransitiven Sinne. Die eigene Kindheit wachzurufen kann auf verschiedene Weisen geschehen: Wir können durch eine fremde Stadt gehen und plötzlich ist ein Kindheitsbild, Kindheitsklang oder -geruch wieder präsent — spontantes Sicherinnern. Wir können, beispielsweise ausgehend von einem literarischen Text, konzentriert 'zurückdenken' — kontemplatives Sicherinnern. Wir können uns auch fragen lassen, beispielsweise von einem Psychoanalytiker. Am leichtesten aber fällt es uns wohl anhand von Gegenständen aus der Kindheit (Möbel, Teddybären, Puppen und dergl.) und anhand von Fotos. Wenn wir Glück haben, gelingt es uns dann sogar für Momente, die Dinge und Vorgänge wieder als Kinder wahrzunehmen.

II.5

Diese Wahrnehmungsweisen aber waren und sind immer schon kulturell tradiert. Die Begrenztheit unserer Wahrnehmung, ja ihre Kontingenz, kann uns dadurch nicht deutlich werden. Sie wird uns erst klar, wenn wir uns mit der Menschheitsgeschichte und mit anderen Kulturen beschäftigen. Die Höhlenmalereien von Lascaux, die skandinavischen Felsenritzungen, die arabische Schrift, die tibetanische und indianische Bildkultur (z.B. Mandalas), aber auch die Bilder von Breughel belehren uns, daß unsere Kultur nur eine unter anderen ist und daß sie auch ein anderes Gesicht haben könnte. Sie schicken uns auf eine Reise in Zeit und Raum, durch die wir bei unserer Wiederkehr die gewohnten und vertrauten Dinge und Vorgänge mit einem fremden Blick ansehen. Wir betrachten die eigene Kultur wie eine fremde und werden uns ihrer dadurch genauer bewußt. (Abb. 2)

Abb. 2
(Foto: Bomarzo, Umbrien/Italien)

II.6

- Rückkehren in die eigene Kindheit
- Rückkehren in die Menschheitsgeschichte
- Wandern in andere Kulturen

Dies sind drei Wege, die wir einschlagen können, um uns die Automatismen, die

Begrenztheit und die Kontingenz unserer Wahrnehmungsweise bewußt zu machen.

III.1

Im Zusammenhang mit der Forderung nach einer fächerübergreifenden ästhetischen Erziehung gibt es häufig ein fundamentales Mißverständnis, das sich zugespitzt so zusammenfassen ließe: Man meint, im Fach Kunst müsse nun unbedingt Musik, im Fach Musik unbedingt Kunst und im Fach Sport unbedingt Musik oder Kunst unterrichtet werden.

Das liefe darauf hinaus, krampfhaft nach Berührungspunkten mit den anderen Bereichen zu suchen und sie dann unangemessen überzubetonen.

In meinen Augen geht es um etwas sehr Einfaches. Ein Thema, ein formuliertes Problem, läßt sich auf sehr unterschiedliche Weisen bearbeiten: bildnerisch, musikalisch, sprachlich und mit den Mitteln, die uns der ganze Körper ermöglicht. Erst einmal also geht es um die Offenheit bei der Wahl der Ausdrucksmittel bei der Realisierung eines Themas. Aber es geht ebenso darum, wie sich diese Ausdrucksmittel im *Zusammenspiel* entfalten können, wobei die Berührungspunkte zwischen den Bereichen erfahrbar werden, ohne daß eine Ausdrucksform seine Eigenständigkeit einbüßen muß. Bei vielen Theaterinszenierungen ist ein solches Zusammenspiel evident.

III.2

Beim Zeichnen und Malen, beim Singen und Musikhören: Nicht nur im Tanz ist der ganze Körper beteiligt. Entspannt zeichne und schreibe ich anders; im entspannten oder konzentrierten Zustand verändert sich der Duktus, der Rhythmus der Hand- und Armbewegungen (man sehe sich unter diesem Aspekt noch einmal die Bilder van Ghoghs an). Das Singen und Hören von Musik versetzt den ganzen Körper in Schwingungen: Kein Wunder, daß es uns drängt, uns zu bewegen. Das rhythmische Klopfen mit Händen und Füßen beim Anhören von Musik — der versteckte Wunsch, den ganzen Körper in Bewegung zu setzen.

III.3

Berührungspunkte: Die Programmusik, die etwas Sichtbares in Töne übersetzt. Bei Versuchen ergab sich, daß die Rückübersetzung von vorher unbekannten Musikstücken in Bilder gelingt; von ihrem Grundgehalt ähnelten sie den Bildern und Vorgängen, die Anlaß für die Kompositionen gewesen waren.

Die Frage der Evokation von Erinnerungs- und Vorstellungsbildern ist von allgemeiner Bedeutung. Sie läßt sich nicht nur auf Werke der Musik, auf den Tanz und das Theater, sondern auch wiederum auf Werke der Bildenden Kunst beziehen.

Dabei geht es nicht nur um Bilder. Es können ebenso Vorstellungen und Erinnerungen von Gerüchen, Melodien, Lauten, Getastetem und Geschmecktem eine Rolle spielen.

Weitere Berührungspunkte: Die Zeichnungen und Bilder, die auf Werke der Musik bezogen sind (z.B. das Umsetzen der Rhythmen und der durch die Musik hervorgerufenen Emotionen in etwas Sichtbares).

- Das Inszenieren von Bildern, das Lebendigmachen von Bildern mit bildnerischen, musikalischen und theatralischen (gestischen, mimischen und tänzerischen) Mitteln.
- Der Zusammenhang der ungegenständlichen Malerei, die sich von ihren abbildhaften Fesseln emanzipieren wollte (z.B. Kandinskij), mit der Zwölftonmusik.
- Visuelle Texte und Visuelle Poesie.

Dies sind *Beispiele*, um die Fülle möglicher Berührungspunkte anzudeuten.

III.4

SCHREIBEN UM ZUSENDUNG VON HÖLZERN

Jetzt, um das Haus zu errichten,
schicke man mir Hölzer des Südens,
schicke man mir Bretter und Bohlen,
Balken, Latten, hölzerne Dachziegel,
ich will den Duft ankommen sehn,
will, daß sie beim Entladen des Klangs
aus dem Süden, den sie herbeischaffen, tönen.

Pablo Neruda

Ein Ton, der mich an eine Farbe denken läßt, das Quietschen der Kreide an der Tafel, welches mir eine Gänsehaut über den Rücken laufen läßt, Töne, die ein Bild wachrufen, Gerüche, die farbig erscheinen.

Ich liege neben meiner Liebsten und klopfe mit meinen Fingerkuppen einen Rhythmus auf ihrem Rücken.

Sie sagt 'Das Violinkonzert von Beethoven' und hat — das wird mir erst in diesem Augenblick klar — recht.

Auch eine Art Synästhesie.

III.5

Wir sprechen von einem 'kalten' Grün, von einem 'warmen' Ton, von einer 'weichen' Form. Dies alles bereits metaphorische Verwendungsweisen dieser Adjektive, denn ursprünglich bezeichnen sie Eindrücke des Tastsinnes, der sich bekanntlich über den ganzen Körper ausbreitet — Hautsinn. 'Schwer' — eigentlich ein

Adjektiv zur Beschreibung eines Eindrucks des Muskel- und Bewegungssinnes (Kinästhesie) – verwenden wir wie selbstverständlich, um auch Visuelles und Akustisches zu kennzeichnen.

Man verwendet ein Wort aus dem Bereich des Visuellen, um eine Nuancierung innerhalb des Akustischen zu benennen: Tonfarbe. Man verwendet ein Wort aus dem Bereich des Akustischen, um eine Nuancierung innerhalb des Visuellen zu benennen: Farbton.

Und das Material Ton? Nichts sagt mehr über dessen Qualität als der Ton, den ein Gefäß hören läßt, wenn man mit dem mittleren Gelenkknochen des Zeige- oder Mittelfingers dagegen geschlagen hat. Erfahrene Töpfer können einem sagen, mit welcher Temperatur der Scherben gebrannt wurde.

Die Metaphorik in der Beschreibungssprache unserer sinnlichen Wahrnehmungen und Erfahrungen zeigt deutlich, in welchem Maß wir synästhetisch wahrnehmen.

Wie differenziert *ein* Sinn ist, so kann man wohl folgern, entscheidet sich nicht an dem Grad seines 'Ausgebildetseins' allein, sondern ebenso an der Differenziertheit der übrigen Sinne.

IV.1

In ITTENs (einer der Lehrer am Bauhaus) Entwurf einer ästhetischen Erziehung bildeten die vier Künste Gymnastik (später 'Tanz'), Tonkunst (später 'Musik'), Sprachkunst (später 'Dichtkunst') und Bildende Kunst eine selbstverständliche Einheit. Die Zusammenführung dieser vier Bereiche sollte zur *"Entwicklung der intellektuellen, seelischen und körperlichen Funktionen"* (1) beitragen. *"Drei charakteristische, unterscheidbar elementare Vermögen sind ausbildungsfähig: das Vermögen zu denken, zu fühlen, zu handeln."* (2)

Ich denke, daß uns ITTENs Schriften heute wieder helfen können, die Grundlagen ästhetischer Theorie und Praxis zumindest in den nicht medial vermittelten Ausdrucksbereichen zu bestimmen. Von Fotografie, Video und Film wird das Folgende also nicht handeln. Es wird von den traditionellen Gattungen Zeichnung (Grafik), Malerei und Plastik/Skulptur die Rede sein. Ich beginne ganz einfach.

Zum Zeichnen brauche ich einen Stift oder ein anderes Werkzeug (wenn ich nicht direkt mit den Fingerkuppen oder -nägeln zeichne) und eine Unterlage. Eine Zeichnung besteht aus Punkten und Linien. Aus Punkten und Linien können verschiedene Flächen und Formen entstehen. Mit bestimmten Linien und Punkten kann ich die Illusion von Dreidimensionalität erzeugen, illusionäre Körper.

Zum Malen brauche ich einen Pinsel oder ein anderes Werkzeug, (wenn ich nicht direkt mit den Händen oder anderen Körperteilen oder dem ganzen Körper 'male'), eine Unterlage und in der Regel mehrere Farben. Die Farbe ist in meinen Augen neben Punkt und Linie das dritte elementare Gestaltungsmittel. Illusionäre Dreidimensionalität kann ich auch ohne Linien und Punkte allein durch Farben erzeugen. Aber die Flächen und Formen setzen sich in der Regel ebenfalls aus

Linien/Strichen und Punkten zusammen. Auch dies kann man anhand der Bilder van GOGHs gut demonstrieren.

Zum plastischen Arbeiten brauche ich grundsätzlich nicht mehr als meine Hände und ein durch sie formbares Material. Teile von ZWEIGs Schachnovelle veranschaulichen uns dies eindrucksvoll. Ist das Material hart, brauche ich Werkzeuge oder Wärmequellen. Im Gegensatz zur Grafik und Malerei aber ist die Dreidimensionalität nicht illusionär, sondern real; ich brauche sie nicht erst künstlich zu erzeugen. Licht und Schatten verändern einen plastischen Gegenstand viel stärker als ein Gemälde oder eine Zeichnung. In diesem Sinne ist auch das Licht Gestaltungsmittel plastischer Arbeiten (ARP, BRANCUSI und GIACOMETTI beispielsweise haben kalkuliert mit den Erscheinungsformen Licht und Schatten gearbeitet).

Aber es gibt noch einen zweiten wesentlichen Unterschied zwischen Malerei/Grafik und Plastik. Bei plastischen Arbeiten spielen das verwendete Material und, damit zusammenhängend, der Tastsinn sowohl während der Herstellung als auch in der Rezeption eine viel bedeutendere Rolle. Viele plastische Arbeiten (ich denke z.B. an H.ARP) sind stärker am Tastsinn als am Gesichtssinn orientiert.

In Stichwörtern zusammengefaßt:

Malerei/Grafik:

Punkt, Linie, Fläche, Form, Farbe, Illusion von Dreidimensionalität, Gesichtssinn

Plastik/Skulptur:

Räumlichkeit, Licht und Schatten, Material (Stofflichkeit), Farbe, Tastsinn, Gesichtssinn

IV.2

Wenn wir uns nun vorstellen, wie viele verschiedene Punkte, Linien, Flächen, Formen, Farben, Materialien und Positionen in Fläche und Raum es gibt und wie viele möglichen Kombinationen der genannten Elemente untereinander, dann sind wir vielleicht dort, wo ITTEN mit seinen systematisierenden Überlegungen ansetzte. Um die Fülle möglicher Beziehungen unter einen Hut zu bekommen, sammelte er Gegensatzpaare, konstruierte er eine Welt aus Kontrasten.

"Einige Begriffe sollen den Reichtum der Kontrast-Welt illustrieren: Punkt, Linie, Fläche, Körper, Richtungskontraste (horizontal, diagonal, zirkulär und deren Kombinationen im Linearen, Flächigen und Körperlichen), Proportionskontraste (lang - kurz, breit - schmal, groß - klein, hoch - niedrig, hoch - tief, dick - dünn), die Kontraste voll - leer, hell - dunkel, viel - wenig, schwer - leicht, hart - weich, glatt - rauh, sanft - heftig, durchsichtig - undurchsichtig, ruhig - bewegt, trocken - feucht, kalt - heiß, matt - glänzend, fest - ätherisch, spitz - stumpf, sauer - süß, jung - alt, fallend - steigend, schwankend - fest, symmetrisch - asymmetrisch, rhythmisch - arhythmisch, konkav - konvex, positiv - negativ, die Farbenkontraste." (3)

Farbkontraste, deren Einteilung er von HÖLZEL übernahm:

1. Farbe an und für sich
2. Intensität
3. Quantität
4. Hell-Dunkel
5. Komplementär
6. Simultan
7. Kalt-Warm

"Alle diese Kontraste mußten von den Schülern einzeln und in Kombinationen so dargestellt werden, daß sie mit überzeugender Kraft für unsere Sinne zum Ausdruck kamen. Sie wurden von mir in drei verschiedenen Richtungen gelehrt: als sinnlich wahrnehmbare, als denkend erfaßbare und als zu empfindende Qualitäten und Quantitäten." (4)

Ergänzt wurde dieser Unterricht durch die Form- und Farbanalyse von Meisterwerken (z.B. Isenheimer Altar von M.GRÜNEWALD) und durch Übungen im automatischen und halbautomatischen Zeichnen.

IV.3

Übungen im automatischen und halbautomatischen Zeichnen sind vor allem deswegen von großer Bedeutung, weil die 'besserwisserische' und dadurch verkrampfende Kontrolle des Auges fortfällt. Die Hand kann ihr 'Eigenleben entfalten'; überraschenderweise tut sie plötzlich wieder, was ihr in der Kindheit nicht schwer fiel, nein, was in der Kindheit überhaupt kein Problem war.

Es gibt eine Reihe von Möglichkeiten dieser Art des Zeichnens, von denen hier einige skizziert werden sollen:

- Man fixiert eine Vorlage und zeichnet sie, möglichst ohne abzusetzen, ab, ohne auf die Hand zu schauen. (Zuerst mit der Schreibhand, dann mit der anderen.)
- Man zeichnet mit geschlossenen Augen einen vorher vereinbarten Gegenstand (zuerst mit der Schreibhand, dann mit der anderen).
- Man schreibt, ohne hinzusehen, ein- oder beidhändig, Wörter und Sätze.
- Man legt mit einem anderen zusammen die Fingerkuppen auf eine Holzplatte (Planchétte) und zwar so, daß man gerade noch die Oberfläche des Holzes spürt. Die Planchétte (ein gleichseitiges Dreieck) ist auf drei leicht bewegliche Kugelrollen montiert, vorne ist ein Loch, um einen Stift einzuklemmen.

  Irgendwann beginnt sich die Planchétte zu bewegen, ohne daß einer der beiden schiebt, drückt oder zieht. Das klingt geheimnisvoll, aber es funktioniert, wenn man sich nicht mit oder ohne Absicht verkrampft.
- Man zeichnet/schreibt (ungegenständlich) nach vorgespielten Musikstücken, ohne auf die Hand zu schauen. (Abb. 3)

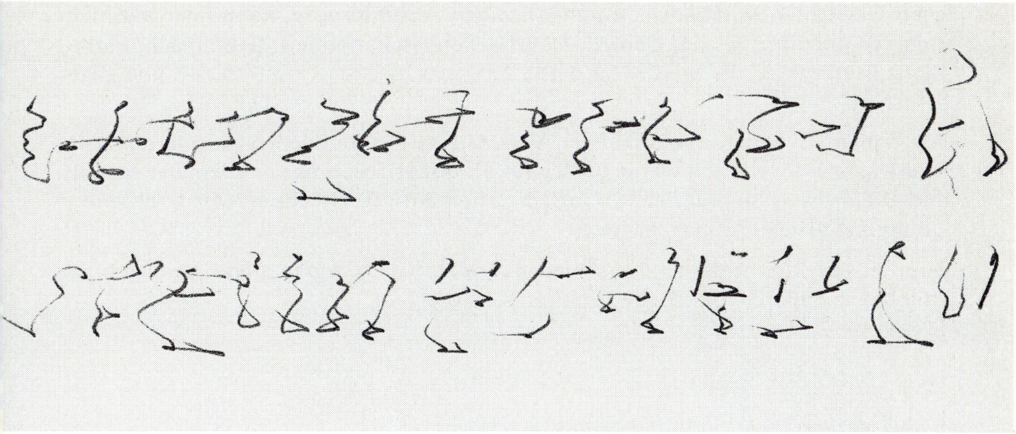

Abb. 3

Alle diese Übungen sind geeignet, die einseitig intellektuell bestimmte Kontrolle durch das Auge zu überwinden. Bei den Versuchen war immer wieder auffallend, wie stark die aus ihnen hervorgegangenen Zeichnungen an die der Kindheit erinnerten. In der Regel waren sie eindrucksvoller als die vom 'rationalen Auge' dominierten.

IV.4

"Besonders wirkungsvoll erwiesen sich in Weimar die Übungen mit Strukturen und Texturen. Ihre Kontraste, glatt - rauh, hart - weich, leicht - schwer, mußten nicht nur gesehen, sie mußten auch mit den Fingerspitzen erfühlt werden. Dadurch erzielte ich eine Erweiterung und Verbesserung des Tastsinnes.

Mit realen Materialien haben wir lange chromatische Reihen aufgestellt. Nach wenigen Stunden der Übung verbesserte sich der taktile Sinn in erstaunlichem Grad." (5)

Eine eigene Arbeit: In einem quadratischen Kasten liegen sechzehn Plättchen verschiedenen Materials. Die Plättchen haben die gleichen Abmessungen: 5 x 5 cm, 0,5 cm stark. Der Auswahl der Materialien liegt eine Familienbildung zugrunde: pflanzliche Stoffe, tierische Stoffe, Metalle und Steine. Aus jeder Familie sind vier Stoffe vertreten. Pflanzliche Stoffe: Ahorn-, Eben-, Fichten-, Balsaholz; tierische Stoffe: Filz, Rindsleder, Bienenwachs, Ziegenfell; Metalle: Kupfer, Aluminium, Blei, Eisen; Steine: Marmor, Granit, Quarzit, Schiefer. Außer den unterschiedlichen Gewichten, ermöglicht durch dieselben Abmessungen, kann man wahrnehmen: Temperatur, Klang, Geruch, Oberflächenbeschaffenheit, Geschmack, Farbe, Glanz/Stumpfheit. Es werden also alle fünf bzw. sechs (Kinästhesie) Sinne angesprochen.

Wir haben in den Kursen häufiger Versuche mit verbundenen Augen gemacht. Interessant war, wie schwierig zu Beginn die Identifizierung vor allem der Metalle und Steine war; sie wurden anfänglich sehr häufig verwechselt. Mit wachsender Übung fiel die Zuordnung leichter.

Zum ersten Kennenlernen verschiedener Materialien waren diese Übungen im Hinblick auf spätere plastische Arbeiten sehr geeignet.

IV.5

Einige Verben, die Handtätigkeiten bezeichnen:

greifen, fassen, halten, legen, teilen, fügen, nehmen, setzen, stellen, richten, schlagen, drücken, decken, weisen, zeigen, zwicken.

"Es dürfte vor allem die Hand sein, die den Menschen gleichermaßen zum Handelnden, zum Ausgräber, Forscher, Handwerker, Arbeiter, Henker . . . und Spieler gemacht hat, und damit zugleich so ausnehmend leichtfertig . . . und verdammt unterschiedlich.

Dann aber, wenn sie wirklich so grundlegend ist, täte man gut daran, auf sie zurückzukommen, sich ihrer besonders anzunehmen, jedenfalls ohne Gymnastik und ohne 'Mudras'. Ist sie doch allzu viel belehrt und abgerichtet worden auf Nützlichkeit." (6)

IV.6

Wenn ITTEN auch in seiner Konzeption ästhetischer Erziehung von einem ganzheitlichen Verständnis des Menschen ausgeht, so ist doch nicht zu übersehen, daß in seiner Unterrichtspraxis die Übung und Verfeinerung des Gesichts- und Tastsinnes (hier vor allem bezogen auf die Hand) im Vordergrund stand. Sicherlich, er leitete seinen Unterricht — und das war revolutionär und ist es eigentlich noch heute — mit Atem-, Konzentrations- und Entspannungsübungen ein. Aber seine Forderung nach einer Integration von Dichtung, Musik, Tanz und Bildender Kunst blieb unerfüllt. Dies soll ITTEN hier nicht posthum zum Vorwurf gemacht werden. Es ist eine Feststellung,.von der ausgehend wir versuchen sollten, nicht eingelöste Vorstellungen selber zu realisieren. Die grundlegenden Überlegungen von KLAUS MATTHIES betonen die Aktualität und Notwendigkeit von Integrationsforderungen. Hier werden Basiskategorien entwickelt, die Spielraum lassen auch für die Objekte und Projekte von H.KÜKELHAUS, von denen er einige in Zusammenarbeit mit R. ZUR LIPPE in dem Buch 'Entfaltung der Sinne' vorgestellt hat. Interessant scheint mir hier vor allem die selbstverständliche Einbeziehung des Geruchs- und Geschmackssinnes (Geruchsorgel, Kräutergarten u.ä.).

V. Thesen und Postulate

1. Das Visuelle allein ist als Gegenstandsbereich der Kunstpädagogik zu eng.

2. Die Kunstpädagogik sollte alle Sinne in die Arbeit einbeziehen. Wenn der Schwerpunkt auch auf der Ausbildung und Verfeinerung des Gesichts- und Tastsinnes liegt, so sollen doch zugleich die Ausbildung des Gehör-, Geruchs- und Geschmackssinns nicht vernachlässigt werden.

3. Die Kunstpädagogik soll den Zusammenhang zwischen den vier Künsten (Musik, Darstellende Kunst ('Körperkunst'), Bildende Kunst und Dichtung) wiederherstellen bzw. bewahren – nicht nur in der Theorie, sondern auch in der Unterrichtspraxis.

4. Automatisch gewordene Wahrnehmungsvorgänge müssen bewußt gemacht werden: Durch Zurückkehren in die Menschheitsgeschichte, durch die Konfrontation mit anderen Kulturen, seien sie untergegangen oder existent.

5. Die Form-, Farb- und Material-Studien ITTENs sind in ihrem wesentlichen Kern grundlegend für den Unterricht in den Bereichen Grafik, Malerei und Plastik – Gattungen der Bildenden Kunst, auf die man vor fünfzehn Jahren mancherorts gänzlich verzichten zu können glaubte.

Anmerkungen

1) I.ITTEN: Werke und Schriften, hrsg. v. WILLY ROTZLER, Zürich 1972, S. 234
2) Itten, a.a.O., S. 242
3) Itten, a.a.O., S. 233
4) Itten, a.a.O., S. 273
5) Itten, a.a.O., S. 273
6) H.Michaux: Eckpfosten, München 1982, S. 67.

Literaturhinweise

EDWARDS, B.: Garantiert Zeichnen lernen, Reinbek 1984.
ELIAS, N.: Über den Prozeß der Zivilisation, Bd. 1, Frankfurt 1977
ITTEN, I.: Gestaltungs- und Formenlehre, Mein Vorkurs am Bauhaus und später, Ravensburg 1978
ITTEN, I.: Werke und Schriften, hrsg. v. Willy Rotzler, Zürich 1972
KAMPER, O. und WULF, Chr. (Hg.): Das Schwinden der Sinne, Frankfurt 1984
dies.: Die Wiederkehr des Körpers, Frankfurt 1983
KIENER, F.: Hand, Gebärde und Charakter, München 1962
KÜKELHAUS, H. und LIPPE, R. zur: Entfaltung der Sinne, Frankfurt 1982
KÜKELHAUS, H.: Organismus und Technik, Frankfurt 1981
LIPPE, R. zur: Am eigenen Leibe, Zur Ökonomie des Lebens, Frankfurt 1982
PUTSCHER, M. (Hg.): Die fünf Sinne, München 1978

Heinz Lemmermann

Über den Umgang mit dem Lied

I.

Daß bis in die jüngste Vergangenheit einzig Lied und Singen im Zentrum des Musikunterrichts der Grundschule standen, hat historische Ursachen, die durch kirchliche und staatliche Einflüsse bedingt waren (1). Noch 1961 heißt es z.B. in den "Richtlinien für die Volksschulen des Landes Niedersachsen":

"Im Mittelpunkt des Musikunterrichts steht das Singen. Zum Liedgut der Volksschule gehören das Kinderlied, das Volkslied, der Choral und der Kanon, aber auch das Volkslied früherer Jahrhunderte, der gregorianische und rhythmisierende Choral und das zeitgenössische Lied. Jeder Schüler soll die Schule mit einem Schatz gern gesungener Lieder verlassen."

Ähnliche Ausführungen finden sich in den Lehrplänen der anderen Bundesländer.

Die Singpraxis war (und ist z.T. heute noch) weitgehend abgetrennt vom Unterricht in den anderen Fächern. Die Liedvermittlung war (und ist teilweise auch heute noch) meist einseitig und einförmig: Vorsingen oder Vorspielen – Nachsingen – Lernen des Textes, und das alles in oft ermüdender Wiederholung. In der Schulpraxis begegnet(e) man allzu oft einem mechanischen und die Schüler wenig motivierenden Umgang mit dem Lied. HELMUT SEGLER schreibt 1973:

"Als Hypothese kann formuliert werden, daß das Singen von Liedern, gleich welcher Gestalt, welchen Gehaltes und in welcher Funktion, aufgrund des als zu eng definierten Materials eine breite und offene Wahrnehmungsdifferenzierung und -sensibilisierung verhindert". (2)

Seit einigen Jahren ist die Musikdidaktik bemüht, den Bereich "Lied im Unterricht" neu zu bestimmen. Dieser Bereich stellt nur ein Teilgebiet des ästhetischen Phänomens "Musik" dar. Lied ist eine primär auf Kommunikation hin angelegte, melodiebestimmte Verlebendigung sprachlicher Aussage, die Ausdruck bildet für individuelle, gruppenspezifische und allgemein-menschliche Grundbefindlichkeiten und Intentionen.

Maßgebend für neuere Überlegungen und Anwendungen in der Musikdidaktik wurden die Verhaltensweisen gegenüber Musik, wie sie 1969 DANKMAR VENUS artikulierte. Er unterschied:

1. Produktion (Komposition und Improvisation)
2. Reproduktion (vokal, instrumental)
3. Rezeption (Hören von Musik)
4. Transposition (in Bewegung, Tanz, Spiel, sprachliche oder bildliche Darstellung; LEMMERMANN nennt den Bereich "Transformation", s. Anm. 3)
5. Reflexion (Nachdenken über Musik – Aneignung theoretischer Kenntnisse)

Auf den Liedbereich begrenzt ist deutlich, daß bisher ein einziges Verhaltensfeld dominierte: das der Reproduktion. Vernachlässigt werden zu sehr die für die Grundschule besonders wichtig erscheinenden Verhaltensbereiche "Produktion" und "Transposition" ("Transformation"). Gerade diese Felder sind ohne integrative Verklammerung in Form eines Lernbereichs nicht zu bestellen. Wie sollte sachgemäß Liedkomposition oder improvisatorischer Umgang mit Texten erfolgen ohne Einbeziehen von "Deutsch"? Wie sollte sachgemäß gespielt, in Bewegung gesetzt oder getanzt werden ohne Einbezug von "Bewegungskunst"? Wie sollte sachgemäß nach Musik gemalt oder Musik inszeniert werden ohne Einbeziehen von "bildender Kunst"? Daß eine solche Integration in Ansätzen bereits hier und da erfolgt, darf nicht darüber hinwegtäuschen, daß in der Regel im Schulalltag anders verfahren wird: Jedes Fach bildet einen eigenständigen Bereich, der aus vielerlei Gründen ein scheuklappenbestimmtes Eigenleben führt, sofern er überhaupt vollständig in der jeweiligen Schule installiert ist.

GOTTFRIED KÜNTZEL hat 1976 seine Zielvorstellungen aus dem Blickwinkel der Lieddidaktik wie folgt formuliert:

"Der Schüler soll lernen,
- die menschliche Stimme als ein Organ zu verstehen, das über das Sprechen hinaus seelische Befindlichkeit ausdrücken und innere Spannung abzuleiten vermag;
- menschliche Stimmäußerungen im Bereich des Sprechens, Schreiens und Singens in ihrer kommunikativen Funktion in verschiedenen Lebenssituationen zu verstehen und zu deuten;
- die Stimme als Instrument zu verstehen und zu gebrauchen;
- die eigenen stimmlichen Fähigkeiten für Kommunikation und freie Gestaltung zu steigern.

Der Schüler soll lernen,
- Lieder als Gebilde zu hören und nachzuvollziehen, in denen menschliche Einzel- und Gruppenerfahrungen ästhetisch formuliert sind;
- Lieder einzeln oder in Gruppen selbst zu machen und musikalisch zu realisieren." (4)

Wenn auch bei KÜNTZEL hier die Bereiche Deutsch, Kunst- und Bewegungserziehung nicht expressis verbis angeführt sind, so kann doch die Realisierung seiner Ziele nur in dieser "gesamt-ästhetischen" Sinnrichtung liegen.

Die Schärfung von Sensibilität, die Stärkung von Eindrucks- und Ausdrucksvermögen, Gestaltungs- und Kommunikationsfähigkeit erscheint mir nur durch eine Vielfalt von Verhaltensweisen sowie durch eine zumindest teilweise Integration und damit "Entgrenzung" bisher weitgehend isolierter Fächer möglich zu sein.

Im folgenden soll am Beispiel "Lied" exemplifiziert werden,

1. welche Vielfalt von (z.T. miteinander verknüpften) Verhaltensweisen möglich ist,
2. wo aus der Sichtweise der Musik Schwerpunkte fachübergreifender Aktivitäten gesetzt werden können.

(Ein erheblicher Teil der hier nur in kurzer Übersicht entfalteten Details ist mit Lehrern in der Lehrerfortbildung und mit Studierenden realisiert bzw. ausprobiert worden, z.T. auch in der Schulpraxis)

- **Verhaltensfeld PRODUKTION:**

Lieder selber machen
- Liedtexte finden
- Melodien ausprobieren
- alte Lieder neu textieren, aktualisieren
- Texte "weiterdichten"
- Melodieanfänge fortsetzen

(Gegenstandsbeispiele: siehe u.a. KÜNTZEL-HANSEN "Liederkommode"; BRECKOFF/SEGLER u.a. Musikbuch Primarstufe A B)

Lieder mit Interaktionen versehen (Stimm-, Klangaktionen):
- Lieder in Geschichten einfügen
- Lieder instrumental begleiten (Ostinati, 2. Stimme)
- Mit Liedern experimentieren (Collagen, Montagen, Verfremdungen)
- Sprechsingen
- Lieder verknüpfen (Vorspann, Ruf vorweg, Ritornell, Nachspiel; Mini-Kantate)

(Beispiele bei KÜNTZEL-HANSEN; "Komm mein Pferdchen", LEMMERMANN, Zugabe 3, Nr. 52; "Die dürre Hexe" in LEMMERMANN: "Servus, Tante Annegret").

- **REPRODUKTION:**

Lieder singen, dabei differenzieren:
- Einzel-Singen
- Partner-Singen
- Wechsel-Singen Solo – Klasse
- Gruppen-Singen
- Klassen-Singen
- alles vokal / instrumental z.T. kombiniert

(Beispiele: "Die Reise der Sonne", "An der Sorbonne", "Kommt ein Tag in die Stadt", "Katharina, Katherine", alle in Zugabe 3).

- **TRANSPOSITION (TRANSFORMATION):**

- Lieder in Bewegung umsetzen
- Lieder in Tänze umsetzen, frei erfunden oder nachgebildet
- Lieder gespielt, in szenischer Darstellung
- Lieder und Schattenspiel
- Lieder und Puppenspiel
- Lieder in bildliche Darstellung bringen (zeichnerische und malerische Interpretationen, die auch über Abbildhaftes hinausgehen)

(Beispiele: "Onkel Max aus Halifax"; "Trat ich heute vor die Türe"; "Sieben kleine Bären", alle Zugabe 3 und 1; "Die große Reise"; "Besuch aus Südamerika", beide in Lemmermann "Der Rummelpott", Fidula-Verlag).

8

Text: Bruno Horst Bull *Sprechreim: Heinz Lemmermann*

Im Rhythmus sprechen

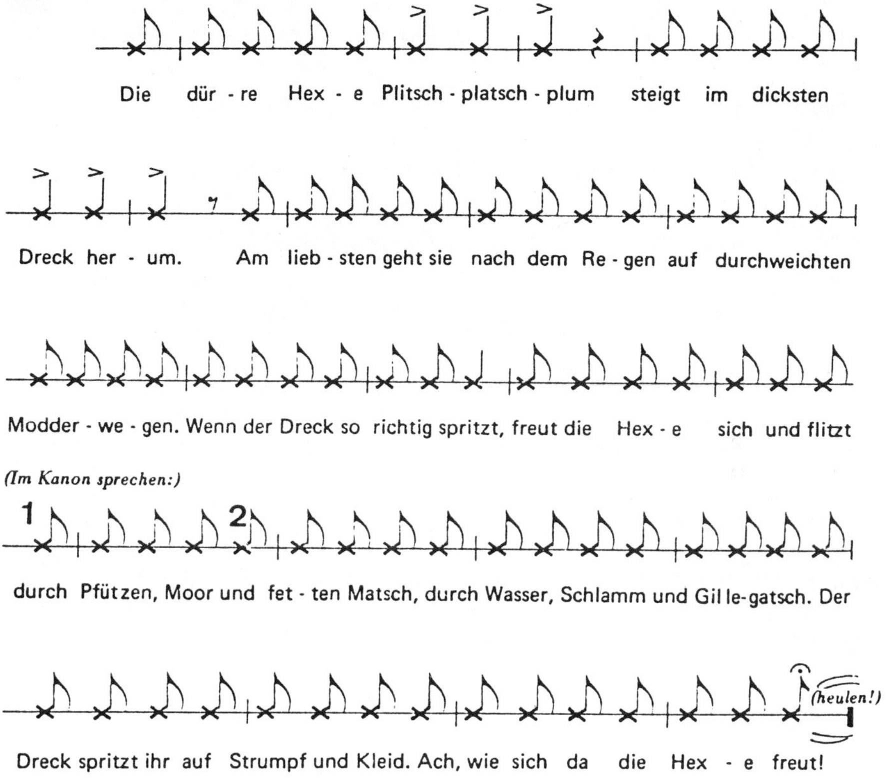

9

Text: Josef Guggenmos *Sprechreim: Heinz Lemmermann*

Im Rhythmus sprechen; 2 Gruppen!

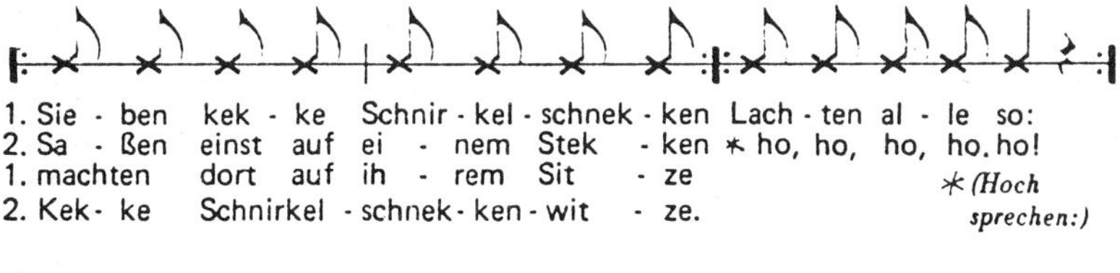

(aus: LEMMERMANN, HEINZ: Servus, Tante Annegret.
Tongemenge, Lieder, Songs und Sprechgesänge. Boppard 1972. (Fidula Verlag))

Die Sudelhexe

Die dürre Hexe Plitsch-platsch-plum
steigt im dicksten Dreck herum.
Am liebsten geht sie nach dem Regen
auf durchweichten Modderwegen.
Wenn der Dreck so richtig spritzt,
freut die Hexe sich und flitzt
durch Pfützen, Moor und fetten Matsch
durch Wasser, Schlamm und Gillegatsch.
Der Dreck spritzt ihr auf Strumpf und Kleid.
Ach, wie sich da die Hexe freut.

- **REZEPTION:**

— Lieder anhören, vom Band, von der Schallplatte, wenn andere Schüler singen
— Notation — graphisch oder in herkömmlichen Noten — verfolgen

- **REFLEXION:**

— zu Liedern Stellung nehmen, darüber sprechen, über Text und Melodie
— Lieder kritisch vergleichen, Eigenarten, z.B. bei Liedern verschiedener Völker, herausfinden

(Beispiele: "Schnurpsenklage", Zugabe 3; vergleichen russische — schwedische — französische — lateinamerikanische Lieder; "Wer sagt, daß Mädchen dümmer sind?" in: "Baggerführer Willibald").

Insgesamt erscheint im Liedbereich das Integrationsfeld bei Deutsch/Musik und Bewegungserziehung/Musik am stärksten ausgeprägt, doch sind die Querbezüge auch zur Bildenden Kunst vorhanden.

Ein Musik lehrplanmäßig unterrichtender Lehrer wird im Grunde ohne elementare Erfahrungen, Fertigkeiten und Sachkenntnisse in den Bereichen Wort, Bild und Bewegung/Spiel nicht auskommen. Die Sinnrichtung "ästhetische Gesamterfahrung" wird im Ausbildungsbereich eindeutig vernachlässigt. Eine Revision erscheint hier unumgänglich. Was an dieser Stelle nur am Beispiel "Lied" kurz umrissen wird, könnte anhand anderer Unterrichtsfelder ebenso verdeutlicht werden.

Die starke emotionale und gestaltende Komponente ist die unbedingt verbindende Klammer um die Bereiche Wort, Ton, Bild und Bewegung. Die "Fächer" müssen aufeinander zugehen und versuchen, von ihrem jeweiligen Selbstverständnis her Zugänge aufgrund sinnlicher Erfahrung und initiierter kognitiver Prozesse zu gewinnen.

Eine Deutung des Singens unternimmt 1978 FRIEDRICH KLAUSMEIER. Sie könnte ein Stimulus sein für Reflexionen, die hinauslaufen auf einen Beitrag der Musik für die künftige Erstellung einer "Theorie der ästhetischen Erziehung". KLAUSMEIER schreibt aus psychoanalytischer Sicht:

Die Musik ist der intensivste emotionale Ausdruck, "den sich Menschen in ihrer Kultur geschaffen haben". (5) "Als Motivation des Singenden können wir . . . annehmen, daß der aggressive Schrei, überwiegend aber das libidinöse Lallen und die Kraft des lustvollen Schreiens die Basis allen menschlichen Singens sind. Deren Ausdruck überträgt sich auf andere und löst gleiches Verhalten aus. Anders gesagt, wie der Sänger, so regrediert auch der Zuhörer und erlebt gleiche unbewußte Gefühle. Dies ist der Sinn der menschlichen Fähigkeit, zu singen. Auf diesem Wege kann Singen sich dann zu einer sozialen Handlung ausweiten, . . . , in der die andere Person nicht re-agiert, sondern co-agiert, miterlebt. Dies kann sowohl geschehen, wenn sie mitsingt, als auch, wenn sie zuhört und auf den gleichen Ausdruck regrediert." (6)

II

Die praktische Umsetzung dieser Grundüberlegungen hängt wesentlich von der didaktischen Kompetenz der Lehrenden ab. Die Schwierigkeit der Realisierung interdisziplinärer Ansätze liegt vor allem in den meist recht unterschiedlichen Fähigkeiten begründet, über die die einzelnen infolge ihrer spezifischen Neigung und ihres spezifischen Studienganges verfügen. Das historisch bedingte Nebeneinander herkömmlicher Fächer wie Deutsch, Kunst, Musik und Sport wirkt sich natürlich hemmend aus. Auch die an den Hochschulen Lehrenden sind nur sehr selten in mehreren ästhetischen Bereichen kompetent, so daß sich zumeist nur eine Addition und keine wirkliche Integration von Fachanteilen vollzieht.

Nur eine projektorientierte Studienanlage kann hier weiterhelfen, wobei es wesentlich ist, daß jeder über das Fach oder die zwei Fächer hinaus, in denen er sozusagen "zu Hause" ist, sich nach und nach auch Kompetenzen in anderen Bereichen aneignet.

In vielen Lehrerfortbildungskursen habe ich beobachten können, daß über Einstiege in Teilbereiche des "ungelernten" Faches starke Motivationen erfolgten und daß nach anfänglicher Skepsis erhebliche Erfolge zu verzeichnen waren, die sich im Schulunterricht auch niederschlugen. Es zeigte sich, daß drei musikalische Teilbereiche günstig für den Einstieg waren: "Elementaria", d.h. handelnde Einübung in elementare Musik durch instrumentale und vokale Praxis, bei der die "Musiktheorie" nicht "theoretisch" blieb; "Bewegungsspiele und Tanz nach Musik", "Reproduktiver und produktiver Umgang mit dem Lied". Diese Angebote haben wir bei unserem Projekt "Phantasie und Praxis" übernommen. Die Veranstaltungen dienten in erster Linie dem "Mutmachen" und Kompetenzvermitteln für Studierende aus den Bereichen Sport und Kunst. Durch Zusammenarbeit von Studierenden mit unterschiedlichen Fachschwerpunkten wurde oftmals ein respektabler Lernzuwachs erreicht, der sich auch bei der Vorbereitung und Durchführung von Unterrichtseinheiten als fruchtbar erwies.

Die folgenden beiden Beispiele geben kurzen Einblick in Entstehensprozesse im Bereich "Liederwerkstatt", einer Veranstaltung, in der das Erfinden von Kinderliedern, ihre instrumentale Begleitung und spielerische bzw. tänzerische Ausformung im Zentrum standen.

Die Aufgabe war, aus dem folgenden Text ein "Klangereignis" zu machen.

Georg Gydlinski: Feste feiern

Willst du wissen, wann
man Feste feiern kann?

Wenn der Schnupfen vorbei ist,
wenn es März oder Mai ist,
wenn das Wurstbrot gut schmeckt,
wenn man Käfer entdeckt,
wenn das Radio tobt,
wenn der Lehrer dich lobt,

wenn die Drachenschnur hält,
wenn die Schule entfällt,
auch am Geburtstag von Katze und Hund –
und aus jedem andern Grund!

(Quelle: G.GYDLINSKI: Der Mond heißt heute Michel, Verlag Herder, Wien/Freiburg 1981)

Ein erster spielerischer Umgang mit dem Text brachte einfache Lösungsmöglichkeiten verschiedener Art:

1. Der Text wurde "auf Rhythmus" gesprochen, d.h. der immanente Textrhythmus wurde in verschiedener Ausformung (u.a. per Solo-Duo-Sprechchor) geboten;
2. Der Text wurde durch Einbeziehen von Instrumenten verklanglicht. Die Instrumente, u.a. Metallophon, Triangel, Holzblock, boten passende Zwischenspiele.

Nach diesen ersten Versuchen, die deutlich machten, daß es in der Musik keineswegs nur eine einzige zwingende Gestaltungsform gibt, wurde der Wunsch artikuliert, diese Zeilen zu einem Liedtext zu formen. Es wurde sofort deutlich, daß die Anlage des Textes einem Liede nicht gemäß ist. Es wurde kontrovers diskutiert, ob man eine literarische Vorlage überhaupt verändern dürfe. Wir fragten uns: Kann man durch Umstellungen, ohne Veränderung oder Sinnentstellung, eine Liedvorlage erstellen? Als Ergebnis verschiedener Versuche kristallisierte sich folgende strophische Fassung heraus, die geprägt ist durch keineswegs sinnwidrige Umgestaltung und ein paar Interpolationen, so durch Ersetzung von Singular durch Plural (zu Anfang).

Nunmehr lautete der Text wie folgt:

Wollt ihr wissen, wann
man Feste feiern kann? (Diese Zeilen als Vorspann gedacht)

1. *Wenn der Schnupfen vorbei ist,*
wenn es März oder Mai ist,
wenn das Wurstbrot gut schmeckt,
wenn man Käfer entdeckt,

(Refrain:) *auch am Geburtstag von Katze und Hund –*
und aus jedem anderen Grund!

(Vorspann!)
2. *Wenn das Radio tobt,*
und *wenn der Lehrer dich lobt,*
wenn die Drachenschnur hält,
und *wenn die Schule entfällt,*

(Refrain)

Das Lied vom Feste feiern

Text: nach Georg Bydlinski

(Solo) Melodie: H. Lemmermann

2. Wenn das Radio tobt, und wenn der Lehrer dich lobt, und wenn die Drachenschnur hält, wenn die Schule entfällt...

Wer dichtet weiter?

Bei der Vertonung eines Liedtextes gilt es, sowohl den Wort-Ton-Bezug wie die Realisationsmöglichkeit durch Kinder zu berücksichtigen.

Der Wort-Ton-Bezug sollte ebenso pathogen, d.h. auf die Grundstimmung des Gedichtes hin, wie logogen, d.h. auf ausdrucksverstärkende Einzelheiten hin angelegt sein. Bei der vorstehenden Lösung wurden diese Einzelheiten ausgiebig diskutiert, wobei einzelne Wendungen in der Melodie erst ihre endgültige Formung erfuhren. Z.B. wurden rhythmische Änderungen auf ihre energetische Wirksamkeit hin "abgehorcht"; die 4 Takte des Vorspanns gewannen erst vorantreibende Spannung, als aus den ursprünglich gleich langen Tönen (durchlaufende Achtel) nunmehr punktierte Achtel mit nachfolgenden Sechzehnteln wurden. Deutlich wurde z.B. auch, wie musikalisch eine Frage gestaltet werden kann – etwa durch Hebung des Tonhöhenverlaufs und nicht durch Abfallen in den Grundton. Die Strophen erhalten ihre übermütig federnde Leichtigkeit durch sekundmäßig abwärts geführte Sequenzierung. Das Wort "Geburtstag" wird ein wenig emphatisch hervorgeoben durch die aufsteigende große Sexte auf schwerem Taktteil. Zwei kleine textliche Interpolationen geben dem Refrain Nachdruck:

1. durch Einschub der (gesprochenen) Worte *"miau – wau"* und
2. durch die doppelte Wiederholung der sinnwichtigen Worte *"und aus jedem"* (andern Grund).

Der Liedtext könnte nun durch Kinder erweitert werden. Deshalb die Aufforderung *"Wer dichtet weiter?"* So würde das Lied auf die jeweilige Klassen- oder Schulsituation hin zugeschnitten werden können.

Die Studierenden, auch die ohne herkömmliche Fachkenntnisse in Musik, können anhand solcher Gruppenübungen lernen, daß die "Produktion" sinnhaltiger Melodien keineswegs "unheimlich schwierig" sein muß, sondern daß ein "Hineinversenken" in textliche Strukturen und ein Anwenden einfacher musikalischer Mittel durchaus auch ohne große Vorkenntnisse und Vorerfahrungen möglich ist – und zudem noch mit Spaß an der Sache verbunden ist. Das nachfolgende Beispiel ist das Ergebnis einer Arbeit, an der sowohl Kinder wie Studierende beteiligt waren. Der Phantasiereichtum der Kinder wird meistens viel zu wenig für das Ingangsetzen kreativer Prozesse genutzt. Die Idee von der "Hühneraugenbrille" ist von der 2. Klasse einer Grundschule köstlich ausgestaltet worden und von einer Studentengruppe musikalisch sinnentsprechend realisiert – mit einfachsten, aber von Kindern spontan angenommenen Mitteln. Höhepunkt war dann die spielerische Ausformung (samt instrumentaler Begleitung).

Die Hühneraugenbrille

Text: Klasse 2 der Bremer Grundschule an der Gete (Lehrerin Regina Nelhiebel)

Melodie: Ein student. Arbeitskreis

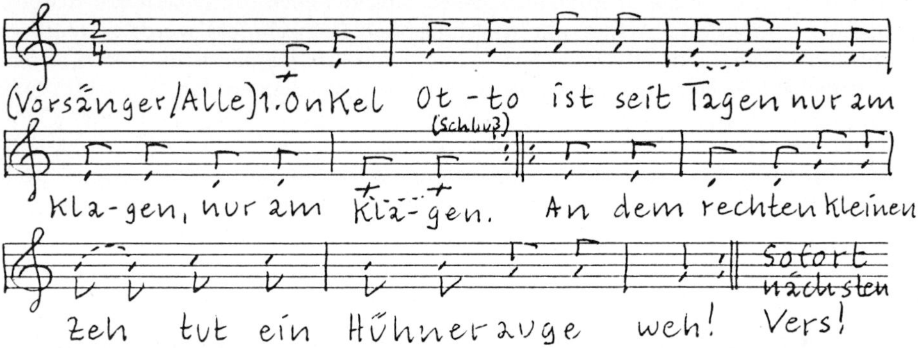

2. Onkel Otto ... Und am linken Fuß, oi jeu,
bilden sich gleich zweie neu!

3. Onkel Otto ... Und zum Doktor geht er nun,
der soll dagegen etwas tun.

4. Onkel Otto ... Dieser gibt ihm statt 'ner Pille
eine Hühneraugenbrille.

5. Onkel Otto – au-au-au!
Onkel Otto – jau-jau-jau!

Anmerkungen

1) Siehe dazu: HELMUTH HOPF: Zur Geschichte des Musikunterrichts. In E.VALENTIN/ H.HOPF (Hrsg.): Neues Handbuch der Schulmusik, Regensburg 1975
HEINZ LEMMERMANN: Musikunterricht. Didaktischer Grundriß, Bad Heilbrunn 1984, 3. Aufl.
HEINZ LEMMERMANN: Kriegserziehung im Kaiserreich. Studien zur politischen Funktion von Schule und Schulmusik 1890 – 1918, 2 Bände, Lilienthal b. Bremen 1984

2) HELMUT SEGLER: Lied und Singen. In: Die Grundschule, Jahrgang 1973, S. 404; siehe auch: LARS ULRICH ABRAHAM: Lied und Liederbuch in der Schule. In: Frankfurter Hefte, Jahrgang 1963, H. 6

3) DANKMAR VENUS: Unterweisung im Musikhören, Ratingen 1969

4) FRISIUS/FUCHS/GÜNTHER/GUNDLACH/KÜNTZEL: Sequenzen, 2. Folge, Stuttgart 1976, S. 7

5) FRIEDRICH KLAUSMEIER: Die Lust, sich musikalisch auszudrücken. Eine Einführung in sozio-musikalisches Verhalten, Reinbek 1978, S. 12

6) Siehe 5), S. 43.

Manfred Polzin

Einführung in die Bewegungskunst

1. Beispiele zum Thema

Erstes Beispiel: Wir bauen ein Schiff

- **Die Aufgabenstellung**

"Ihr kennt die Halle, die Geräte. Baut ein Schiff und nehmt dafür alle Geräte, die Euch als sinnvoll erscheinen." (Diese Aufgabe erhielten die studentischen Teilnehmer der Studienveranstaltung "Bewegung, Spiel und Sport in der Primarstufe" an der Universität Bremen.)

- **Die Umsetzung:**

In Einzelaktionen und Kleingruppenabsprachen entsteht ein Schiff auf dem Hintergrund von Vorstellungen: Geräte werden ausgewählt und nach und nach zusammengefügt zu einem Schiff. Nachdem erste Bestandteile entstanden sind und auch optisch mehr und mehr ein Schiff repräsentieren (eine Bordwand aus Bänken und angelehnten Judomatten, ein Tennishochsitz als Kommandobrücke), vereinigen sich die Einzel- und Kleingruppenaktionen, und das werdende Schiff wird weiter ausgestaltet:

— eine Bank wird bei den Schaukelringen eingehängt und vermittelt im Schaukeln Bewegungen des Schiffs,
— ein Schwungtuch, an einer Longe zur Decke gezogen, wird zum Segel.

Das fertige Schiff erzeugt ein spontanes Piratenspiel: Einige Studentinnen und Studenten starten mit einem Gerätewagen einen Überraschungsangriff. Der geschobene Wagen dient als Transportmittel für Angreifer und Kanonenkugeln (Schaumstoffbälle), das Segelschiff wird mit den Bällen beworfen, die Piraten erobern das Schiff, spielen aber gemeinsam mit den Verteidigern im und am Schiff weiter.

- **Überlegung**

Beispiele wie diese werfen immer wieder die Fragen auf, ob das denn in den Sportunterricht gehöre, ob das noch Sport ist, ob die Kinder sich überhaupt genug gewegen?

Was ist hier nun an Bewegung (der Menschen) zu beobachten?

— Auf- und Abbau der Geräte, die das Schiff symbolisieren,
— elementare Bewegungen in und auf einem Schiff und um ein Schiff herum: Schwingen, Klettern, Springen, Laufen, Schaukeln . . .
— beim Piratenspiel: Werfen und Fangen.

Abb. 1

Abb. 2

Also vielfältige und intensive Bewegungsformen, wenn man Bewegungen nicht nur im Hinblick auf ihre sportbezogene Bedeutung betrachtet und definiert.

Was geht nun aber noch über diese Bewegungen hinaus?

— Bewegungen erhalten eine Bedeutung in einem übergreifenden thematischen Zusammenhang und erfahren durch erhöhtes Interesse der Kinder eine größere Intensität.

— Es wird etwas Gemeinsames gemeinsam geplant und hergestellt, ein Schiff aufgebaut, ein Spiel entwickelt; die vorgestellte Realität Schiff wird schöpferisch wiedergegeben und ausgestaltet.

— Sportgeräte werden in einen neuen Sinnzusammenhang eingebunden, in einer neuen — ihre begrenzte Funktionsbestimmung im Sport überschreitenden — Bedeutung erfahren und eingesetzt.

— Der Mensch (gleich ob Schüler/in oder Student/in) wird als ganze aktiv handelnde Person einbezogen: sein *Wahrnehmen* (des Mitspielers / der Mitspielerin als Partner/in oder Gegenspieler/in, der Geräte in ihrer ursprünglichen und neuen Bedeutung, des Schiffs) sein *Einfühlen* (in die Gruppe, Situation, das Thema), sein *Denken* (Konstruieren eines Schiffs, Lösen von definierten Begriffen und Funktionen der Geräte und Zuordnung neuer Bedeutungen).

Ein solches Herangehen verlangt Voraussetzungen und Konsequenzen:

— Eine Gruppe, die so arbeiten soll, muß als Gruppe handlungsfähig sein. (Am ehesten unter Anleitung einer Klassenlehrerin: Im beschriebenen Beispiel waren es Projektteilnehmer und -teilnehmerinnen.)

— Die Gruppe muß als "In-Szene-Setzen", als Inszenierung (BANNMÜLLER 1982) verstanden werden, als Wechselspiel zwischen Anregung und Anleitung.

— Es muß durch offeneres Unterrichten mehr Bewegung in andere Fächer und das Schulleben überhaupt gebracht werden:
  — Spiele im Klassenraum, auf dem Schulhof, auf Grünflächen (vgl. POLZIN 1985),
  — Tanzen in der Klasse usw.

Zweites Beispiel: Partnerakrobatik

Die Galionsfigur (Abb. 3)

- "Die Galionsfigur besteht aus Untermann A und Obermann B.
- B steht wie die 'Galionsfigur' eines Schiffes mit ausgebreiteten Armen auf den Oberschenkeln von A.
- A hält B an den Oberschenkeln fest.
- Wichtig ist, daß die Oberfigur sich in eiler leichten Überstreckung befindet. Nur dadurch ist eine optimale Gewichtsverteilung gegeben und A kann B mit minimalem Kraftaufwand halten." (MEHRTENS 1982, 106)

Abb. 3

Aufbau der Figur (Abb. 4):

- "Der Aufbau kann entweder durch einen Sprung erfolgen (B springt rückwärts auf die Oberschenkel von A) oder für Anfänger durch ein langsameres Aufsteigen zunächst mit einem, dann mit dem anderen Fuß.
- Dabei hält A B an den Hüften fest. Sobald B sich auf den Oberschenkeln von A befindet, richtet sich dieser aus der Hocke zur vollen Streckung auf.
- Gleichzeitig führt A seine Hände von der Hüfte an die Oberschenkel von B.
- A streckt seine Arme dabei und geht mit seinem Oberkörper nach hinten." (MEHRTENS 1982, 107)

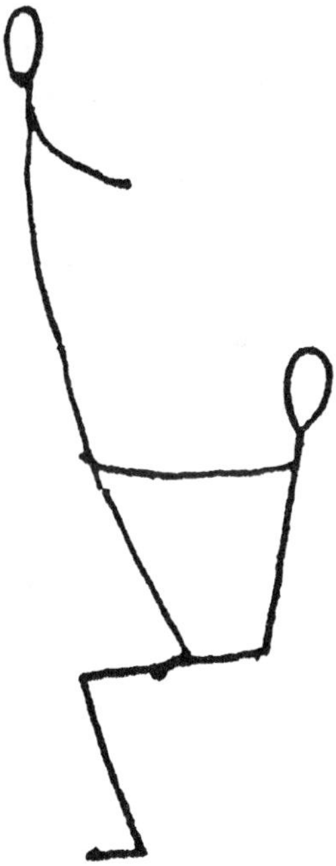

Abb. 4

Akrobatik, Jonglieren und andere "alternative" Formen von Bewegungskultur im weitesten Sinne drängen neu in den Sportunterricht, die Sportpraxis; die alleinige Orientierung an den reglementierten Formen der Sportarten wird zunehmend in Frage gestellt.

Hier ist ein Beispiel herausgegriffen, das einer sehr anregenden Examensarbeit entnommen ist; MEHRTENS: Praxishilfen: Akrobatik, Clownerie, Jonglieren. Geschichte, Didaktik, Praxis (vgl. Literaturliste im Anhang).

Übungen zur Partnerakrobatik werfen nicht die Frage auf, ob sich die Übenden genügend bewegen, sondern: Wann soll man sie durchführen?

Hier eröffnen die Freiräume in den Lehrplänen und die Bezüge zum Turnen genügend Möglichkeiten.

Akrobatik, Jonglieren, Clownerien und anderen vergleichbaren Formen könnte es im Zusammenhang mit ihrem Darstellungs- und Vorführungscharakter gelingen, über die in den Schulen vorherrschenden Formen der Sportarten hinauszuweisen. MEHRTENS (1982, 54 – 62) entwickelt in Anlehnung an KERBS (1975) und FUNKE (1980) Überlegungen und Möglichkeiten zum Zusammenwirken von Körpererfahrung und ästhetischer Erziehung:

- Möglichkeiten zur *lustvoll-genießerischen Erfahrung* des Körpers im Sport (z.B. körperliche Sensationen beim Schwingen, Fliegen . . .),
- Möglichkeiten der *sozialen Erfahrung* durch Körpererfahrung im Sport (z.B. Anfassen/Berühren bei der Galionsfigur),
- Möglichkeiten, das *Denken* und *Nachdenken* durch sportliche Körpererfahrung zu fördern (Warum schwitzt man?),
- Möglichkeiten, durch sportliche Körpererfahrung die *Steuerungsfähigkeit des Handelns* zu verbessern (Zusammenhang von Bewegung und Persönlichkeitsentwicklung),
- Möglichkeiten sportlicher Körpererfahrung als *"Anlaß und Ursache für politisches Handeln"* (Einsetzen für die eigenen Bedürfnisse).

Die Bedeutung des Wortes *"Partner"* bei der Partnerakrobatik soll ein Zitat aus einem Praxisbeitrag vermitteln:

"Partnerakrobatik besagt, daß akrobatische Übungen immer zu zweit ausgeführt werden; die Übungen gelingen nur dann, wenn beide sich wechselseitig genau wahrnehmen und aufeinander achten, um Veränderungen des Gleichgewichtszustandes wechselseitig aufzufangen und auszugleichen.

Partnerakrobatik ist besonders geeignet, sich selbst in Abhängigkeit zum Partner in der Spannung des Schwebezustandes zu erleben, weil

- die Konzentration auf den eigenen Körper und den des Partners durch den ständigen Körperkontakt gut zu realisieren ist,
- durch das Gewicht des Partners der eigene Körper leichter oder schwerer im Gleichgewicht gehalten wird,
- Bewegungen sehr gut verlangsamt und daher Veränderungen des Gleichgewichtszustandes deutlich gespürt und relativ leicht reguliert werden können,
- es Spaß macht und reizvoll ist, zu zweit mit Gewicht und Gegengewicht, Spannung und Lösung, dem Finden und dem Verlust des Gleichgewichts zu experimentieren." (SIEBEL 1984, 49)

Drittes Beispiel: Tauchen/Schweben und Bewegen unter Wasser

Eine eigene Kindheitserinnerung: Meine ersten Schwimmbaderfahrungen machte ich in einem Moorwasser-Schwimmbad; man konnte niemanden sehen, der sich unter Wasser bewegte. Das eröffnete herrliche Möglichkeiten fürs Fangenspielen – Kurventauchen, für Richtungswechsel, Täuschungen. Natürlich im Nichtschwimmerbecken, denn Schwimmen konnte ich zuerst nur unter Wasser. Bei einem dieser häufigen Schwimmbadbesuche wurde ich in tiefes Wasser geworfen – war mehr entrüstet als ängstlich – wollte empört schreien, was nicht ging – empfand das Sinken im Wasser plötzlich als angenehm – ließ mich bis zum Grund sinken – stieß mich ab.

Beobachtungen/Erfahrungen:

- Studentinnen und Studenten, Lehrerinnen und Lehrer in meinen Kursen (Aus- und Fortbildung) haben in nicht geringer Anzahl Hemmungen/Angst vor dem Tauchen: der gleiche Körper, der sich sonst beim Lernen des Schwimmens gegen das Sich-über-Wasser-Halten (scheinbar) gesperrt hat, wehrt sich nun gegen das Bewegen unter Wasser.

Abb. 5

- Die gleiche Beobachtung bei einem Erwachsenen, der mit knapp 40 Jahren Schwimmen gelernt hat: Der Körper "glaubt nicht", daß er schwimmen kann und hat die Tendenz unterzugehen; *soll* er (der Körper) jedoch untergehen (z.B. beim Tauchen mit Schnorchel), wehrt er sich dagegen.

Tauchen, das Sichaufhalten, das Schweben und Sichbewegen unter Wasser, ist eine elementare Erfahrung. Im Prozeß des angeleiteten Schwimmenlernens als dem Sich-über-Wasser-Halten spielt eine Nebenrolle. Daß das Schwimmen *nicht* immer verstanden wurde als ein Bahnenschwimmen in einer bestimmten Schwimmtechnik, zeigt die vielfältige Ausstattung historischer Schwimmbäder. Diesen sind heutige "Spiel- und Spaßbäder" nachempfunden, die als Reaktion auf immer weniger attraktive Hallenbäder entstehen.

Das Schwimmenkönnen wird überwiegend definiert über das Erlernen der Schwimmtechniken, der motorischen Fertigkeiten; damit entfällt weitgehend im Prozeß des angeleiteten Schwimmenlernens das Erlernen des sicheren Bewegens im und unter Wasser, der systematische Aufbau eines Vertrauens zu einem anderen Element. Nicht umsonst bekommen viele Erwachsene bei Spritzern und Wellen Angst, weil sie nur gelernt haben sich über Wasser (sicher?) zu bewegen.

VOLCK (1977, 104) schlägt deshalb vor, die von ihm kritisierten Leistungsabzeichen (Freischwimmerzeugnis, Seepferdchen, Delphin, Hai) durch folgenden Aufgabenkatalog zu ersetzen bzw. zu ergänzen:

"1. Orientierung unter Wasser (z.B. einen Gegenstand aus dem tiefen Wasser herausholen, eine Slalomstrecke unter Wasser bewältigen).
2. Unter Wasser ausatmen können.
3. Eine "längere" Strecke zurücklegen können (z.B. 1, 2 oder 3 Beckenlängen).
4. Verschiedenartige Sprünge aus unterschiedlichen Höhen (z.B. Fußsprünge, Fußsprünge mit Drehungen, durch einen Reifen springen).
5. Eine kürzere Strecke schnell schwimmen können (z.B. eine Bahnlänge, eine Bahnbreite – ohne Zeit – je nach Könnensstand).
6. Bei bewegtem Wasser schwimmen können / Slalomschwimmen.
7. Über Kenntnisse von Gefahren und notwendigen Baderegeln verfügen." (VOLCK 1977, 104)

2. Bewegungskunst und Ästhetische Erziehung

2.1 Die Wichtigkeit thematischer Entscheidungen

- Themen des Kinderlebens sind wichtig, sinnvermittelnd, haben Sinn (wenn sie auf Kinderleben und Lerngruppe bezogen sind) und steigern – werden sie berücksichtigt – die Intensität der Auseinandersetzung, der Lernprozesse, das Interesse.

- Integrierte ästhetische Erziehung muß übergreifende Themen der Kindheit aufsuchen, bei deren Bearbeitung in einem Wechselverhältnis Individuum und Lerngruppe zum Zug kommen, gemeinsame und Einzelinteressen realisiert werden können.

- Die Durchführung solcher übergreifender Themen wird – geht man vom einzelnen Fach aus – nur begrenzt und in Ausschnitten möglich sein. Das trifft auf die drei ausgewählten Beispiele zu, die erst in fächerübergreifenden thematischen Zusammenhängen (Projekt "Zirkus", Projekt "Schiffsreise", Projekt "Körper bewegen sich unter Wasser") ihre volle Wirksamkeit im Sinne einer integrierten ästhetischen Erziehung entfalten können, ohne aus der Sicht der Bewegungserziehung (des Sports?) an Bedeutsamkeit im Sinne von Lernergebnissen zu verlieren – im Gegenteil.

Das Beispiel Schiff bauen

Das Thema Schiff hat für Kinder, Jugendliche und Erwachsene in vielfältiger Hinsicht Bedeutung. Das Schiff gibt es in unterschiedlichsten Gestaltungen und Funktionsbestimmungen. Es ist unter anderem auch Sportgerät (Segeln, Surfen); es ist ursprünglich vor allem aber Hilfs- und Transportmittel, um irgendwo hinzukommen – real oder in der Vorstellung, Reisen mit oder ohne festes Ziel. Und Reisen sind mit Abenteuern verbunden (zumindest für Kinder; aber auch Erwachsene suchen wieder zunehmend "Abenteuerreisen"): Stürme, Piraten, Verirren, Mann über Bord usw. Das Thema Schiff enthält somit (in der hier beschriebenen nur ausschnitthaften Bearbeitung im Sportunterricht) zwei Abschnitte:

– den Planungs- und Herstellungsprozeß eines Schiffs
– die Erfindung von Spielmöglichkeiten im, am und mit dem Schiff.

Das Beispiel Partnerakrobatik (Galionsfigur)

Auch die vielfältigsten Formen der Partnerakrobatik, des Spielens mit dem Gleichgewicht, dem des eigenen Körpers und dem des Partners und dem gemeinsamen, entfalten ihre volle Wirkungsmöglichkeit erst, wenn sie eingebettet sind in einen größeren thematischen Zusammenhang, z.B. Zirkus. Die Intensität der Bearbeitung kann entscheidend gesteigert werden, wenn auf eine Darstellung hingearbeitet wird:

– Darstellung innerhalb der eigenen Klasse (Gruppen stellen ihre Ergebnisse vor),
– Darstellung für eine Fotoausstellung,
– Darstellung vor einer anderen Klasse, den Eltern, auf einem Schulfest.

Kinder lieben es, Kunststücke zu üben, zu lernen, sie zu zeigen, denn das Zeigen verspricht Bestätigung. Übungen der Partnerakrobatik sind dafür gut geeignet, weil sie über das Alltägliche der Turnübungen (alle Kinder müssen eine begrenzte Zahl bestimmter Übungen lernen!) hinausgehen; sie stellen (noch) etwas Besonderes dar – erinnern an Zirkus, Theater, Künste.

Das Beispiel Tauchen

Tauchen bedeutet Hineintauchen in ein anderes Element, Schweben und Bewegen unter Wasser, betont das Sich-ganz-Begeben in das andere Element, ohne den Kopf über Wasser und den (rettenden?) Blick in das Vertraute zu haben. Hineinbegeben und Sichhingeben, bei Kindern ist diese enge Beziehung zum Wasser vorhanden, bis nicht bearbeitete negative Erfahrungen diese enge Beziehung lösen: Beziehung der Eltern zum Wasser, frühkindliche Erfahrungen beim Gebadetwerden, Sich-waschen-Müssen, Schwimmenlernen-Müssen, Kälte, Chlor usw.

Welche Bedeutung haben Embryonalerfahrungen für unsere Beziehung zum Wasser?

Wie wird das Tauchen in unserem Prozeß des Schwimmenlernens sinnlich erlebt/erfahren?

Kann eine Tauchermaske negative Vorerfahrungen mit dem Tauchen auflösen? Sie schützt Nase und Augen vor dem Wasser, sie eröffnet im wörtlichen Sinne einen *neuen Blick* für das Element. (Aber Vorsicht: Nicht unter der Brille durch die Nase ein- und ausatmen!)

2.2 Probleme

Folgende wesentliche Probleme der herkömmlichen Sporterziehung zeichnen sich aus dem Dargestellen für mich ab:

- Die überwiegende Orientierung des Schulsports an bestimmten Sportarten führt zu (bereits verschiedentlich beschriebenen) frühzeitigen Bewegungsausgrenzungen (vgl. z.B. Frankfurter Arbeitsgruppe 1982).
- Sie führt darüber hinaus zu einer Einschränkung/Kanalisierung von (körperlichen) Erlebnissen und Erfahrungen und kann negative Ausprägungen zur Folge haben.
- Der funktionale Gebrauch der Sportgeräte bewirkt eine Einbindung in und Orientierung auf funktional Vorbestimmtes, verhindert/behindert phantasievolle Tätigkeit.
- Die überwiegende Orientierung auf ein Produkt reduziert den Prozeß auf mechanistisches Üben, unterbindet schöpferische Gestaltung.

3. Konsequenzen

Grundlegende Veranstaltungen sollen jeden Lernbereichsstudenten in jedes der drei Fächer Kunst, Musik und Sport einführen; im Sport ist es die vierstündige Veranstaltung "Bewegung, Spiel und Sport in der Primarstufe", der die einleitend beschriebenen Beispiele entstammen. Bei ihrer Ausgestaltung geht es um die zentrale Frage, was denn Lernbereichsstudenten und -studentinnen in einer solchen Veranstaltung lernen sollen/müssen, um den entwickelten Vorstellungen einer Ästhetischen Erziehung in Ausbildung und Unterricht gerecht zu werden. Die Beispiele haben es auf einer konkreten Ebene gezeigt; allgemein bedeutet das für die Sportausbildung im Rahmen des Lernbereichs:

- in jeder Form und Richtung von Bewegung, Körpererfahrung und Körperausdruck die begleitenden, ergänzenden, alternativen sinnlichen Aktivitäten mitzurealisieren (in Wahrnehmung, Ausdruck und Reflexion),
- theoretische Arbeit nicht nur auf die Geschichte der Körperkultur und des Sports zu richten, sondern sich auch und besonders im Bereich der historischen und gegenwärtigen ästhetischen Theorie Einblick zu verschaffen.
- die Geschichte des Alltags und der (Bewegungs-)Künste auf Integrale hin zu untersuchen und zu nutzen, was sowohl die historischen wie gegenwärtigen Formen von Gesamtkunstwerken (Eröffnungsfeier bei Olympischen Spielen) wie mehrkanaliger Medien einbeziehen muß,
- sich in den elementaren Mitteln und Verfahren der Spiel- und Bewegungserziehung und des Sports zu üben: nicht so sehr in Richtung spezieller Bewegungs- und Ausdrucksleistungen als vielmehr im Durchforschen von Ausdrucks- und Erfahrungsfeldern (Bewegen im Wasser, Spielen, Bewegen an und mit Geräten, in Rhythmus und Tanz, im Laufen, Werfen, Springen)
- an den Ursprung der Bewegungs- und Ausdruckstätigkeiten zurückzugehen: Kinder in der Bewegungs- und Ausdrucksarbeit zu begleiten – Bewegungsformen, Tanz usw. von Naturvölkern kennenzulernen – ästhetische Aktivitäten im eigenen Alltagsleben zu erkennen und zu entwickeln.

Literaturliste

BANNMÜLLER, E.: Bewegung als Fundament einer ästhetischen Erziehung in der Elementarbildung. In: Zeitschrift "sportunterricht" 31(1982), 2, 57 – 65.

FRANKFURTER ARBEITSGRUPPE (Hg.): Offener Sportunterricht – analysieren und planen. Reinbek 1982.

FUNKE, J.: Körpererfahrung. In: Zeitschrift "sportpädagogik" 4(1980), 4, 13 – 20

FUNKE, J. (Hg.): Sportunterricht als Körpererfahrung. Reinbek 1983

KERBS, D.: Zum Begriff der ästhetischen Erziehung. In: OTTO, G. (Hg.): Texte zur ästhetischen Erziehung. Braunschweig 1975.

KLEINDIENST-CACHAY, C.: Bewegungserziehung als Wahrnehmungserziehung. In: Zeitschrift "sportunterricht" 31(1982), 2, 45 – 56.

MEHRTENS, L.: Praxishilfen: Akrobatik, Clownerie, Jonglieren. Geschichte, Didaktik, Praxis. Oldenburg o.J. (1982) (Erhältlich über: Werkstatt für Medienarbeit und Freizeitpädagogik, Gottorpstr. 15, 2900 Oldenburg).

POLZIN, M.: Die Ausbildung zum Sportlehrer für die Primarstufe – auch in Bremen ein Stiefkind? In: BREMER AUTORENGRUPPE (Hg.): Der neue Sportlehrer. 10 Jahre reformierte Sportlehrerausbildung in Bremen. Ahrensburg 1982.

POLZIN, M.: Spiele für Kinder in der Schule. Bremen 1985 (Universitätsinterne Veröffentlichung)

SIEBEL, H.: Partnerakrobatik – ein Spiel mit dem Gleichgewicht. In: Zeitschrift "sportpädagogik" 8(1984), 4, 49 – 51

VOLCK, G.: Grundlegung: Anfängerschwimmen. In: VOLCK: G. (Hg.): Schwimmen in der Schule. Schorndorf 1977.

ZWEITE TEIL

Kunst/Musik/Sport Dokumentation einer fächerintegrierenden Praxis

Manfred Polzin / Klaus Matthies

Das Projekt "Phantasie und Praxis"
Didaktisch-methodische Hinweise

1. Einführung

Wie können nun diese bisher theoretisch entwickelten Vorstellungen in *Ausbildung und Schule* praktisch wirksam werden? Sich dieser Frage zu widmen ist das zentrale Anliegen dieses zweiten praktischen Abschnitts, wobei der Schwerpunkt der Darstellung auf der Dokumentation der in Grundschulen durchgeführten Unterrichtseinheiten liegt. Zum besseren Verständnis der Unterrichtspraxis ist es jedoch erforderlich, zunächst die Prozesse darzustellen, die den Unterrichtsversuchen vorausgehen, diese begleiten und ihnen nachfolgen. Es sind zunächst im wesentlichen Ausbildungsprozesse; Ausbildung von Studierenden für das Lehramt in der Grundschule. Es sind gleichzeitig und von gleicher Bedeutsamkeit *Prozesse der Fortbildung* aller in Schule und Hochschule an diesen Ausbildungsprozessen beteiligten Personen, die u. E. über diesen Personenkreis hinausgehend für die Fortbildung aller in der Grundschule Tätigen bedeutsam sind:

Lebensweltliche Orientierung erfordert im Lehren (bei Lehrerinnen und Lehrern) und im Lernen (bei Schülerinnen und Schülern) eine ständig weiterzuentwickelnde *Handlungskompetenz*: Eine Ästhetische Erziehung, die mit der Körperlichkeit und den Sinnen die Subjektivität der einzelnen Menschen fördern und formen will, darf sich nicht nur auf Kinder beziehen, sondern gilt ebenso (oder vielleicht noch mehr) für Lehrerinnen und Lehrer, Lehrerstudentinnen und Lehrerstudenten, Hochschullehrerinnen und Hochschullehrer! Um die ungetrennte ästhetische Aktivität an sich selbst handelnd erfahren zu können (was wir als wichtige Voraussetzung für das Unterrichten ansehen), ist Interdisziplinarität in der Ausbildung und Fortbildung erforderlich. Diese Interdisziplinarität ermöglicht Lern- und Erfahrungsprozesse für alle daran beteiligten Personen: Studentinnen und Studenten, Lehrerinnen und Lehrer, Hochschullehrerinnen und Hochschullehrer.

2. Lernbereichsidee – Projekte – Unterrichtseinheiten

Charakteristisch für die Primarstufenlehrerausbildung an der Universität Bremen (Dauer: 8 Semester!) ist das Studium einer Fach-Lernbereichskombination, d.h., neben die Ausbildung in einem Fach (z.B. Deutsch oder Mathematik) tritt verpflichtend die Ausbildung in einem Lernbereich (Wirtschaft/Technik oder Sachunterricht oder Kunst/Musik/Sport). Das Studium dieser Fach-Lernbereichskombination ermöglicht die Einsetzung der so ausgebildeten Lehrer als Klassenlehrer, d.h., die zugelassenen Fächerkombinationen sind so ausgewählt, daß ein hoher Stundenanteil auf den Unterricht in der eigenen Klasse entfallen kann. Durchgehend wird in der Ausbildungskonzeption für die Grundschule das Klassenlehrerprinzip und nicht das Fachlehrerprinzip befürwortet.

Die Ausbildung im *Lernbereich Kunst/Musik/Sport* ist *inhaltlich* (nicht organisatorisch) in Kürze folgendermaßen strukturiert:

— fachorientierte Einführung in die drei Fächer Kunst, Musik und Sport (mit fachübergreifenden Bezügen)
— fachliche Vertiefung in einem der drei Fächer (Schwerpunktfach)
— Studium fachübergreifender Lernbereichsanteile der Ästhetischen Erziehung

Lernbereichsstudentinnen und -studenten sollen nach Abschluß ihrer Ausbildung alle drei Fächer *in ihrer eigenen Klasse* weitgehend fächerübergreifend unterrichten. Sie sind keine voll ausgebildeten Kunst-, Musik- und Sportlehrerinnen und -lehrer, sondern haben in ihrem Schwerpunktfach die volle Ausbildung und in den beiden anderen Fächern genügend Erfahrung, um diese in integrierender Arbeit wirksam werden zu lassen. Fortbildungsprozesse unterliegen den gleichen inhaltlichen Ansprüchen und können in unterschiedlicher Weise initiiert werden:

— durch integrierende Zusammenarbeit der Fachkolleginnen und -kollegen an einer Grundschule,
— durch schulbezogene oder schulübergreifende fächerintegrierende Fortbildungsangebote.

Die *Projektidee* bietet in Aus- und Fortbildung günstige Voraussetzungen für die Organisierung von Erfahrungs- und Lernprozessen. Projekte haben ein Thema oder einen thematischen Rahmen (z.B. Zirkus, Phantasie und Praxis) und verlaufen an der Universität in der Regel über einen Zeitraum von drei Semestern.

Im Lernbereich Ästhetische Erziehung bilden die Projekte den Kristallisationspunkt der Lernbereichsausbildung:

— in quantitativer Hinsicht: Im Projekt "Phantasie und Praxis" wurden in 3 Semestern zusammen etwa 36 Semesterwochenstunden als Veranstaltungen angeboten.
— in qualitativer Hinsicht: Über 3 Semester wird an einem Thema theoretisch gearbeitet, es in die *Planung, Durchführung und Auswertung von Unterricht* umgesetzt.

Die *Unterrichtsgruppen* sollen im Idealfall aus je einem/einer Kunst-, Musik- und Sportstudenten/-studentin bestehen, dementsprechend werden von uns Lehrer und Lehrerinnen gesucht, die wenigstens zwei der drei Fächer in ihrer Klasse selbst unterrichten.

Beide Zielsetzungen waren im Projekt "Phantasie und Praxis" nur zum Teil zu erfüllen:

- Die sehr unterschiedliche Anzahl der Fachstudentinnen und -studenten (es waren weitaus mehr Sport- als Kunst- und Musikstudentinnen und -studenten) ermöglichte es nur, in den Unterrichtsgruppen wenigstens zwei verschiedene

Fächer vertreten zu sehen. Trotzdem wurde immer fächerübergreifend und in allen drei Fächern unterrichtet.

- Lehrer und Lehrerinnen an den Schulen unterrichten selten mehr als eins dieser Fächer; sie fühlen sich zu wenig spezialisiert. Es scheint eine Rolle zu spielen, daß man sich gerade in diesen drei Fächern stärker mit der ganzen Person einbringen muß als in den mehr rational orientierten und organisierten Fächern. Kunst, Musik und Sport werden als Künste empfunden, die man selbst (möglichst) perfekt in Theorie *und Praxis* (singen, malen, turnen) *beherrschen* muß, bevor man sie unterrichten kann. Und wer beherrscht schon drei verschiedene Künste und kann sie auch noch — wie es vielen als unabdingbar erscheint — vormachen (vorsingen, vormalen, vorturnen)?

Hier liegt eines der zentralen Probleme der Ästhetischen Erziehung, das genauerer Untersuchung bedarf. Was macht eigentlich die Qualifikation einer Lehrerin/ eines Lehrers aus, die/der in Ästhetischer Erziehung unterrichtet? Welche Bedeutung hat das eigene praktische Können im Fach? Welches Niveau ist erforderlich? Wie werden Kenntnisse über gemeinsame Strukturen der Fächer *in den Personen* und *in ihrer unterrichtlichen Praxis* wirksam? Was macht das *Verständnis* für die integrierte Ästhetische Erziehung und für die beteiligten Fächer aus?

Diesen Fragestellungen gehen wir gezielter im derzeit laufenden Projekt "Kinderlyrik und Ästhetische Erziehung" nach, das das Fach Deutsch einbezogen hat und vom Sommersemester 1986 bis zum Sommersemester 1987 verläuft.

Beim Lesen der dokumentierten *Unterrichtseinheiten* fällt auf, daß Masken eine dominierende Rolle spielen, eine Folge der vorangegangenen Veranstaltung "Darstellendes Spiel in der Grundschule", in der das Maskenspiel — neben anderen Formen des Darstellenden Spiels — in eindrucksvollen eigenen Versuchen der Studentinnen und Studenten zur Geltung kam.

In den Unterrichtseinheiten erscheinen Masken und Maskenspiel in unterschiedlichen Bedeutungszusammenhängen:

- Masken als Ausdruck der Vorstellung von fremden (außerirdischen) Kulturen und der mit dem Reisen dorthin verbundenen Technik (Roboter; "Reisen Sie mit uns auf einen anderen Planeten!)
- Tiermasken, die Tiere darstellen, aber in Vorstellung und Wirkung menschliche Eigenschaften und menschliches Verhalten symbolisieren ("Frosch und Maus"; "Kinder spielen Tiere")
- Masken, die mythische und magische Vorstellungen zum Ausdruck bringen ("Hexen/Walpurgisnacht", "trommeln — Masken — tanzen")

Diese dominierende Rolle der Maske könnte den Eindruck erwecken, als ob Masken in der integrierten Ästhetischen Erziehung unverzichtbar sind. Dem ist natürlich nicht so.

"Verkleiden" und "Sich-hinter-Masken-Verstecken" scheint das Thema zu sein, das die Entscheidung der Studentinnen und Studenten diesmal beeinflußt hat, Sie hatten (in der entsprechenden universitären Veranstaltung) die Faszination des Maskenspiels praktisch erfahren. Das bedeutete, den eigenen Körper ins Spiel einzubringen, und das fiel, verkleidet und unter einer Maske versteckt (von ihr und der von ihr symbolisierten Rolle geschützt), leichter.

Die Spielspannung und Spielerfahrung, die dort entstanden waren, haben die Studierenden in ihre Unterrichtsversuche hinein transformiert. Als dann einige Unterrichtsgruppen ihre Unterrichtseinheit mit einer selbstentwickelten Maskenspielinszenierung begannen (vor der noch einige innere Hemmungen überwunden werden mußten), war das Interesse der Kinder für "inszenierende Tätigkeit" geweckt.

3. Übungen zur Integration der Fächer

Den größeren Aufgaben in den Projekten, die übergreifend thematisch bestimmt sind, gehen kleinere Übungen voraus und parallel, in denen Verbindungen der Sinne *erprobt* werden. Dabei handelt es sich um Umwandlungen, Folgen oder Kombinationen, die Kunst mit Musik, Sport mit Kunst, Musik mit Sport verbinden.

Sehen, Hören, Bewegung – aber auch sprachliche Ausdruckshandlungen und Spiel sollen sich aufeinander beziehen und in der Beziehung zu Nuancierungen und Steigerungen führen.

Im folgenden stellen wir eine Reihung solcher Versuche dar, die wir mit Teilnehmern/Teilnehmerinnen eines Arbeitskreises zur Demonstration unseres Ansatzes durchgeführt haben. (1)

Diese Übungen kommen auf jeder Stufe der Erfahrung (mit Kindern der Primarstufe wie mit Lehrerinnen/Lehrern, Hochschullehrerinnen/Hochschullehrern oder Studierenden) in Frage und sind als auswechselbare Beispiele der Verknüpfung mit Angeboten aus den Künsten zu sehen.

Ihre Darstellung soll der *Veranschaulichung* unserer konzeptionellen Ansätze dienen. Sie zielen auf Möglichkeiten der Integration von Fachaspekten, auf die Annäherung von Kunst/Künsten und Alltagsleben, auf Verständigung unter Ansprüchen der Selbstfindung und sozial integrativer Kommunikation. Integrierte ästhetische Erziehung verfährt in Teilen und in Grundsätzen anders als Unterricht der herkömmlich getrennten Fächer, sie hat mit fachlicher/fachdidaktischer Sytematik wenig zu tun und ist als allgemeinpädagogische Konzeption offenem Unterricht zuzuordnen.

Dies wird sich an den Übungen zur Sensibilisierung für unsere Konzeption und entsprechenden Kriterien/Kategorien zeigen. Es wird einleuchten, daß wir besonders nach Momenten und Situationen suchen, in denen Parallelen, Korrelationen, Integrationen der Künste zu entdecken und auszuarbeiten sind, also Beziehungen, Umwandlungsmöglichkeiten oder Anregungen zwischen Körpererfahrung, Musik und Bilderfahrung (und vergleichbaren Wahrnehmungen und Produktionen, z.B. in der Sprache, im freien Spiel etc.).

Dabei spielen die *Grundordnungen* von *Raum* und *Zeit* (mit unterschiedlichen

Bedeutungen in den unterschiedlichen Künsten) eine besondere Rolle, ebenso Fragen nach der Eigenart und Funktion des Elementaren (in den je einzelnen Fachrichtungen und in ihrem Übertrag in die je anderen Ausdrucksweisen wie in ihrer Kombination und Verschmelzung zu Simultankomplexen).

Der systematisierende Aufbau fachlicher Lehrgänge wird zurückgestellt zugunsten komplexer alltagsnaher Themen oder der Erfindung und Ausführung von phantasiebestimmten Entwürfen.

Die folgenden vier Übungen gehen — äußerlich gesehen — von einem alten Kategorienschema der Bildkunst aus (Punkt — Linie — Fläche: KANDINSKY), sie sind jedoch für alle Künste bzw. Darstellungs- und Ausdrucksrichtungen gemeint und zielen auf die umfassendste Dimension: die Bewegung und Darstellung im Raum. Daß das Bildliche zunächst jeweils den Ausgang bildet (bis auf das erste Beispiel) besagt nichts über einen Vorgang. Der Ausgang kann bei einer der Künste liegen (Sport ist als ganzkörperliche Bewegungs- und Darstellungskunst verstanden), entscheidend sind die Übergänge, Vermischungen, Initiationen, die sich im weiteren entfaltende formale und/oder integrative thematische Energie.

Bewegung und Ausdruck in räumlicher Entfaltung — Raum als *Erfahrungs- und Erlebnisraum* — ist eine grundlegende Zielorientierung integrierter ästhetischer Erziehung: in dieser Dimension verwirklichen sich Komplexität, Lebensnähe, Zukunftslernen als Entfaltung von Selbstbestimmung und mitmenschlichen Handlungsorientierungen.

Pädagogisch übergreifend betrachtet, handelt es sich dabei um den Versuch, die nur pragmatischen (ökonomisch oder rationalistisch geforderten) Aufspaltungen in spezielle Einzelleistungen zu überwinden und abzulösen durch den Aufbau von *Sinnzusammenhängen*, die real vollzogen und *symbolisch* verstanden werden können.

1. Übung Punkt — Punkte — punktuell

Der Punkt ist das kleinste Element bildlicher Darstellung: einfach zu setzen, fast noch ohne Bedeutung. Als Mittelpunkt, Endpunkt, Bezugspunkt ist er abgehoben, aus Zusammenhängen definiert. Kombinationen von Punkten erlauben jegliche Art definierter Darstellung.

In der Körperkunst wäre der Punkt der fixierte Stand: der bestimmte Ort, von dem eine Bewegung ausgeht, der Moment, an dem etwas beginnt. Stand, Sitz, Hocke, Lage: Versammeltsein, Konzentration, Bewegtsein vor der Bewegung.

Am eindrucksvollsten zeichnen sich Punkt und Punktuelles als Beginn in der Musik ab: der Auftakt, das Einsetzen des Klanges aus der Stille, das Hervortreten.

Hier ist das Punktuelle besonders überzeugend als ein genereller Aufbruch. Immer erneut und anders beginnt Musik, demonstriert der Beginn einen Aufgang. Und immer wieder geht dieser Punkt als das Einsetzen eines bedeutungsvollen Vorganges verloren. Es lohnt sich, den Verlust einzuholen, d.h. Anfänge genauer, bewußter und vergleichend zu betrachten. Das heißt Erfahrung machen von Zeitlichkeit und Zeichen, von Eröffnung und Fortgang. Wahrnehmen, Betrachten und Ausdeuten solcher Ereignisse — das Punktuelle und der Anfang sind nur ein Beispiel — gehören zum Rüstzeug integrierter ästhetischer Erziehung. An ihnen zeigt sich Gemeinsames und Trennendes der Künste, der unendliche Reichtum von Möglichkeiten und — mit dem Aufnehmen der Spur des Symbolischen — die Nähe zum Leben.

Wie fängt eine Musik an, wir fangen etwas an, was fangen wir mit dem Anfang an. Nach kurzen Hinweisen im Sinne dieses Vorspanns wurden drei Beispiele fürs Hören angeboten:

- Beginn des schnellen Satzes einer Beethoven-Klavier-Sonate als Beispiel des Einsetzens einer mitreißenden (tänzerischen) Bewegung, die Innen und Außen — Körper, Seele und Geist — in eins faßt und schwingend davonträgt;
- Beginn eines indischen Tempelgesanges als Beispiel der Dehnung eines Punktes durch weit ausholende, räumlich globale Bewegung ins Unendliche: das Ausholen in die Transzendenz (für die Hörenden: das Einholen in sie);
- Beginn des Boogie-Woogie "Bumble Boggie" (Adapted from "The Flight of the Bumble Bee", FREDDY MARTIN 1946) als Beispiel eines umstandslos einsetzenden, präzisen, fast maschinenhaften Auf und Ab, diesseitig, vorantreibend und dennoch von einem Poetisches vermittelnden Versprechen kreisend durchzogen . . .

Die Beispiele wurden einige Male in Wiederholung, mit gehörigem Abstand voneinander und Kommentar angeboten: Mithören und Einstellung auf den Einsatz (den Punkt des Anfangs), danach der Sprung ins andere, den anderen Anfang, vergleichend und zurückholend und trennend.

Was ein Anfang ist, das Punktuelle eines Beginns, konnte an der Verschiedenheit ausgemacht werden.

Dieser Art des Punktuellen haben wir eine andere Art von Bezeichnung eines Punktes gegenübergestellt, eines (imaginären) Punktes als Bezeichnung einer Sinnmitte in einem Bildwerk, Michelangelos Deckenfresco "Erschaffung des Adam" (Sixtina, Vatikan — Reproduktion ca. 25 x 60 cm —) zeigt den liegenden Adam mit bis in den Zeigefinger ausgestrecktem Arm in der Erwartung der Berührung durch Gottvater, der ihm mit gleichfalls gestrecktem Arm und Zeigefinger entgegenfährt. Die schöpferische gebende Gebärde Gottes ist deutlich und ebenso die für die Berührung erhobene Hand Adams. Die Berührung wird an diesem vorgezeichneten Punkt stattfinden; gleich wird der Augenblick da sein. Der kleine Zwischenraum, der noch von der Berührung trennt, faßt die Erwartung zusammen. Dies Noch-nicht ist das Zeichen einer Vorausnahme der Vollendung; es ist jene eigentümliche Zusammennahme von Gewißheit und Hoffnung, die die Geschichte des Glaubens ausmacht.

Konkret im Bild ist der bezeichnete Punkt ein imaginärer: nichts ist da, aber alles ist darauf bezogen.

Abb. 1
Michelangelo: DIE ERSCHAFFUNG DES ADAM (1511)
Deckengemälde im Vatikan, Sixtinische Kapelle

Michelangelo trägt eine große, beseelende Geste von zwei Seiten vor. Der Punkt ist markiert als einer, an dem Berührung stattfinden wird, körperliche Berührung, die als Zeichen für die Hervorrufung von Leben steht; sie ist Erfahrung und Vorstellung, zu einem neuen Bild verdichtet, einem neuen Zeichen von Schöpfung.

Unseren gewöhnlichen Vorstellungen von Anfang und Berührung, von Körper und Beseelung, von Erwartung und Bewegung werden in der Betrachtung des Bildes neue Impulse vermittelt. Das stillstehende Bild erteilt eine machtvolle Lehre über Körperlichkeit und Belebung. (2) Nähmen wir Ausschnitte aus der "Schöpfung" von Haydn hinzu, würden wir durch das andere Sensorium mit Klängen und Klangbewegungen zum Thema nochmals bereichert — nicht für bloßen Nachvollzug oder bloße Nachahmung, sondern zur Ausweitung unseres thematischen Verstehens.

2. Übung Linie — Linien — linear

Betrachtung der Abbildung des AVRIL (April), Monatsbild aus einem Jahreszeiten- und Sternbildzyklus im Palazzo Schiffanoia, Ferrara.

Die Reproduktion (ca. 40 x 70 cm) zeigt, hellfarbig vom dunkelblauen Grund abgehoben, zwei Personen: eine stehende Frau mit sich drehendem Körper und gespreizten Fingern, halb abgewendet; seitlich vor ihr einen kräftigen Knaben, selbstbewußt auf sie bezogen, der heftig zu opponieren scheint.

Es handelt sich um Venus und Cupido (die Venus sehr körperhaft und dennoch mit einer Art Marien-Aura, und Cupido, zwar unbewaffnet, aber ausgerüstet mit (un)gemeiner Vitalität).

Die Szene zeigt die Begegnung in "Wendungen", fast könnte man sagen "Windungen": das Lineare in Haltung, Gestik, Dehnungen dominiert. Es ist ein zeichenhaftes Figurenspiel, vielgestaltige Ornamentik in Bewegung. Der Maler (FRANCESCO COSSA um 1470 in Ferrara) hat die Bewegungen so intensiv erfaßt/erdacht und darstellend geformt, daß sie gleichsam in die Körper der Betrachtenden überspringen können.

Es entstand spontan nachahmende Bewegung. Sie läßt sich in weiterführende Bewegungsabläufe überleiten, in ein inszenierendes Figurenspiel, daß eine Geschichte in Lineaturen erzählt. Farben (Kostüme/Licht) und Musik können hinzugefügt werden, begleitend und interpretierend, wie es zwei Studentinnen — als Versuch einer Durchkreuzung archaischer und historischer Elemente — im Projekt Phantasie und Praxis entwickelt haben.

Venus und Cupido als April bieten einen ungewöhnlichen Zusammenhang; sie stehen — der Bewegungsform und dem Ausdruck nach — uns fremd gegenüber. Nach einiger Zeit fangen die Bewegungen und die Rätsel des Bildes an, uns zu bewegen. Wir entdecken den Reiz des Manirierten als Herausforderung, wir beginnen zu begreifen, daß dies Ausdrucksarsenal uns nicht so fremd ist, wie es zunächst scheint. Die Drehungen, das Geziere füllen sich mit Kraft; die Konfrontation der beiden untereinander und mit uns wird tragfähig. Wir können die Szene aus eigener Erfahrung ergänzen, schließlich ausfüllen als Ritual einer fortdauernden Konfusion.

Abb. 2
Francesco Cossa: AVRIL (April) (1475)
Wand-Fresco, Palazzo Schiffanoia, Ferrara

3. Übung Körper und Szene

Betrachtung und Nachstellen der Szene "La TOILETTE" von PABLO PICASSO, Gemälde der blauen/rosa Periode (1906).

Die Reproduktion (ca. 45 x 80 cm) zeigt – zunächst durch ein Deckblatt auf der linken Seite in der Darstellung halbiert – auf der rechten Seite eine stehende Frau. Sie steht aufgerichtet quer zu uns und hält in den Händen etwas Flachrechteckiges (nicht eindeutig zu Identifizierendes) vor ihrem Körper. Der Körper ist bestimmt und locker zugleich, das Halten hat etwas betont Nachlässiges, fast Herablassendes (ohne unbotmäßig oder ungeschickt zu wirken).

Die Betrachtenden versuchen, aus dem Sichtbaren auf den verdeckten Teil des Bildes zu schließen. Die Nachahmung des Stehens und Haltens macht Tatsache und Art eines Gegenüber sinnfällig. Der rechteckige Gegenstand wird zum Spiegel, der Spiegel wird gehalten, ein Gegenüber tritt auf: die Szene ergänzt sich; sie beginnt sich zu füllen.

Bei Picasso steht der spiegelhaltenden Dienerin die Herrin, die sich spiegelt, gegenüber: unbekleidet, lässig, selbstbezogen, blasiert.

Wiederum ist es eine Szene mit zwei Personen, eine Konfrontation. Die Körper im Raum sind als Körper da, nicht nur als lineare Figuren mit einem Figurenspiel, sondern als menschliche Wesen mit einer Geschichte und entsprechender Haltung im Körper. Sie stehen zueinander und gegeneinander, die Geschichte ihrer Klasse wägend. Die blasse Herrin ist an ihr Getändel verloren, die Dienerin an den Gegenstand gebunden, kraftvoll im Auftritt, mit kraftvollem Körper, der jede Beugung vermeidet und das Halten des Spiegels als Herausforderung probt (die von der sich im Spiegel wiegenden Frau nicht wahrgenommen wird).

So ist die Spiegelszene ein Paradigma vieler Szenen, in denen das Verhältnis der Personen ausgemacht und schließlich als Veränderung – bis hin zu einer Umkehrung – entwickelt werden kann.

Ob Musik hierin etwas zu suchen oder zu sagen hat – eher schon ist es ein stummer Kampf –, mag offen bleiben. Ganz unvermeidbar ist die Übersetzung des Bildes in Körperhaltung, Körperausdruck, Körperbewegung. Das ist schon dem Verständnis des Bildes unmittelbar geschuldet. Mittelbar bietet die Vorgabe auch eine Körperlehre an: Hinweise zur Auslegung und zum Selbstverständnis von Körper und Körperlichkeit im Prozeß der Ich- und Selbstbestimmung.

4. Übung Szene im Raum

GILLES von ANTOINE WATTEAU, Reproduktion ca. 50 x 80 cm.

Das letzte Beispiel in der Reihe der Übungen mit Bildern, die bildliche, musikalische, körperbezogene Aktivitäten auslösen und thematisch zusammenführen können, fordert die Inszenierung im Raum. Über die Einzelpersonen hinaus, voran der Weißclown Gilles als Hauptfigur, gefolgt von Pulcinella, Pantalone, dem Doktor auf dem Esel, verlangt das Thema die Gestaltung des Raumes.

Abb. 3
Pablo Picasso: "LA TOILETTE" (1906) – Teilansicht

Abb. 4
Pablo Picasso: "LA TOILETTE" (1906)
Gemälde der rosa/blauen Periode

Watteau hat seine Szene, die zunächst das Porträt eines großen Clowns und ein Ankündigungsbild zur Wiedereröffnung der gerade noch verbotenen italienischen Komödie ist, ins Freie, in einen Park verlegt. Fast alle Theaterbilder Watteaus, auch seine Bilder der höfischen oder einer imaginären Gesellschaft (Abfahrt nach Kythera, die ERNST BLOCH als eins der großen Hoffnungsbilder interpretiert hat), ziehen Natur in die Szenerie hinein: als seien Theater und Natur aufeinander verwiesen, als würde menschliche Darstellung in der Natur eine Form der Inszenierung sein, in der das ersehnte Leben, das Wahre sich darstellt.

Diese Fügung von Künstlichkeit (Kostüm, Maske, Schminke, Mimik, Gestik in gesteigerter Form, alle Natürlichkeit überformend) und Natur (die Büsche und Bäume, die Tiere, der Himmel, die Wege in der Landschaft) bildet ein neues Ganzes. In ihm müssen die Einzelwesen sich neu definieren: als bewegte, als agierende Teile eines Natur-und-Kunst-Theaters, das nach Arkadien strebt.

Es sind Rollen vorgegeben (die Chargen der Komödie z.B.), die hier erweitert werden können: anscheinend ist auch Aufbruch und ganz Neues möglich. Gilles steht an der Grenze. Noch ist er — nach dem alten Spiel — unbewegt; aber aus dem Tagtraum, den er so mächtig vorträgt in Haltung und Ausdruck, wird etwas Neues hervorbrechen. Die Kraft sammelt sich, die Ahnung des Aufbruchs zeichnet sich ab; Gilles wird den Schritt nach vorne tun.

Mit Hilfe weißen Seidenstoffs, einer "auratischen" Mütze, der farbigen Schleifen lassen sich die ersten Schritte der Anverwandlung demonstrieren, in der Lust des Aufbruchs zeichnen sich die weiteren Darstellungsmöglichkeiten ab; der Raum weitet sich.

Mit der Auflösung der Zusammenkunft zu Fragen und praktischen Möglichkeiten interdisziplinärer ästhetischer Erziehung treten die Figur des Gilles und der Chargen und die Aufgabe der Inszenierung im Raum nun über ins Ungewisse.

Wir wissen nicht, was unsere Beispiele und Anregungen bewirken werden, ob sie schließlich nicht nur als Beispiele, sondern als Prinzip stehen und beweiskräftig sind. Die Teilnahme war interessiert und lebhaft, am Schluß herrschte vielversprechende Stimmung. Aber erst in der Erinnerung wird ausgemacht werden, was tragfähig war und weitergetragen wird. Wir setzen Vertrauen in die nachwirkende, in der Erinnerung weiterwirkende stimulierende Kraft der Bilder - - - und in die Plausibilität der Möglichkeiten und des Sinns der *Transformationen*: des Bildlichen in Musik und Körperkunst, der Körperkunst in Musik und Bild, von Musik in Bilder und Bewegung. Integrierte ästhetische Erziehung muß ihre Wechselwirkungen, Parallelen, Entsprechungen erproben und zwar auf jeder Stufe der Ausformung (von frühen Kinderäußerungen bis zu höchsten Ausprägungen in den Künsten) und in jeder möglichen Richtung eines individuellen und sozial verbindenden, d.h. thematisch verpflichtenden Gebrauchs.

Die tägliche Ebbe und Flut im Innern: gerade glaubte ich zu spüren, wie in der Brust das Zurückfluten einsetzte, das Verebben, die Ebbe, womit die Welt wieder einmal anfing, sich zu entziehen.

(PETER HANDKE, Phantasien der Wiederholung)

Abb. 5
Antoine Watteau: GILLES (Weiß-Clown) (1718)
Gemälde (zur Wiedereröffnung der Italienischen Komödie)

Abb. 6
Watteau: GILLES (Ausschnitt)

Literatur

GRASSI,E.: Die Macht der Phantasie. Zur Geschichte abendländischen Denkens. Königstein 1979

POLZIN, M.: Die Ausbildung zum Sportlehrer für die Primarstufe – auch in Bremen ein Stiefkind? In: Bremer Autorengruppe: Der neue Sportlehrer. 10 Jahre reformierte Sportlehrerausbildung in Bremen. Ahrensburg 1982, S. 65 - 93

POLZIN, M. (Hrsg.): Ästhetische Erziehung in der Primarstufe. (Referate des Arbeitskreises "Fächerübergreifendes Handeln im Lernbereich Kunst/Musik/Sport in der Primarstufe" auf dem 6. Sportwissenschaftlichen Hochschultag 1984 in Bremen). Bremen 1984 (Erhältlich über: Universität Bremen, Druckschriftenlager, Postfach 330 440, 2800 Bremen 33; Kostenbeitrag: DM 6,-)

Anmerkungen

1) Vgl. POLZIN, MANFRED (Hrsg.): Ästhetische Erziehung in der Primarstufe. (Referate des Arbeitskreises "Fächerübergreifendes Handeln im Lernbereich Kunst/Musik/Sport in der Primarstufe" auf dem 6. Sportwissenschaftlichen Hochschultag 1984 in Bremen), Bremen 1986.

2) Hier böte sich fast auch an zu sagen: Begabung.

Holger Gräfing/Sigrid Schimanski/Elke Zeise

Wir reisen auf einen andern Planeten

Unterricht in Kl. 3c, Schule Augsburger Straße, Bremen-Findorff
Klassenlehrerin: Frau Gutjahr
Betreuer: Manfred Polzin, Universität Bremen

1. Was wir erleben können

Unser Hauptkriterium bei der Wahl eines Themas war es, die Grenzen für Phantasie und Kreativität in hohem Maße offen zu halten. Für das Darstellende Spiel und den Maskenbau sind diese Fähigkeiten Grundvoraussetzungen, um die Vorstellungen und Ideen der Kinder in schöpferisches Handeln umzusetzen. Für diese Umsetzung schien uns das gewählte Thema ("Wir reisen auf einen anderen Planeten") besonders geeignet. Es besteht zwar einerseits ein Bezug zur Realität, jedoch andererseits keine zwingende Verbindung zu irdischer Realität, da es für Kinder unmöglich ist, mit Außerirdischem in Kontakt zu treten.

Was weckt nun eigentlich die Neugierde der Kinder an diesem Thema?

In unserem technischen Zeitalter und dem dadurch ermöglichten Aufbruch zu anderen Sternen werden den Kindern vielfältige Informationen nahegebracht. Filme wie "E.T." oder "Krieg der Sterne" wecken ihr Interesse ebenso wie die angebotenen Spielsachen (Lego Weltraumprogramme, bemannte Raketen, usw.). Neben der Faszination des Unbekannten und wohl deshalb auch Unheimlichen lockt sie sicherlich auch die Perspektive, Entdeckungen zu machen und Abenteuer zu erleben.

Reisen vermitteln in der Regel neue Eindrücke. Wenn sie dann noch über riesige Entfernungen und vor allem nur in der Vorstellung vollzogen werden, eröffnen sie die Möglichkeit, in neue Welten vorzudringen. Vorhandene Phantasien können ausgelebt und durch Reflexion des Erlebten ausgebaut werden, um dann in immer neue sich ständig verändernde Erlebniswelten einzufließen.

Welche Möglichkeiten bieten wir den Kindern dabei mit Maskenbau und Darstellendem Spiel?

Die – bei entsprechender Anregung – den Phantasien und Vorstellungen innewohnende Dynamik und Vielfältigkeit sollte sich beim Maskenbau im Grad der Verfremdung der verwendeten Materialien widerspiegeln können. (Wie leben die Menschen auf einem anderen Planeten? Wie sehen sie aus? Ernährung? Wohnen? Etc.). Ihr eigenes soziales Umfeld können die Kinder an einen weit entfernten Ort verlagern, sie können im Spiel ihre eigenen Probleme darstellen und versuchen, Lösungen zu finden. Dabei leistet ihnen die Maske Hilfestellung, in eine andere Rolle zu schlüpfen, ja zuweilen eine völlig neue Identität anzunehmen. Für uns war entscheidend, daß jedem Kind im Rahmen unseres Themas eine Form des individuellen Auslebens seiner Vorstellungen und Phantasien ermöglicht wurde. Soll dies im Rahmen der Künste geschehen – und das ist unser Anliegen –, müssen sie in einem Lernbereich integrierter ästhetischer Erziehung zusammengeführt sein.

2. Unser Angebot

Das zentrale Ziel unserer Unterrichtseinheit war das gemeinsame Erarbeiten und Darstellen einer Spielszene mit Masken. Die gemeinsame Aufführung führte alle Arbeitsschritte und behandelten Aspekte zusammen. So hatten die Kinder die Möglichkeit, ihre Arbeitsergebnisse vorzustellen und ihrem eigenen wie dem Darstellungsbedürfnis der Klasse gerecht zu werden. Die Darstellung der Arbeitsergebnisse in dieser Form machte den Schülern deutlich, daß alle Arbeitsschritte in Verbindung zueinander stehen. Vor diesem Hintergrund hatten alle Vorbereitungen sowie das Üben und Proben nicht den Charakter bloßer Wiederholungen, sondern vermittelten den Schülern die Einsicht in deren Notwendigkeit. Der Arbeitsablauf bis zur gemeinsamen Aufführung setzte das Erreichen folgender prozeßorientierter Ziele voraus.

Zu Maske / Maskenbau und Darstellendem Spiel:

Ziele	Praktische Umsetzung in unserer UE
• Einblick in die geschichtliche, kulturelle und soziale Bedeutung von Masken	Besuch eines völkerkundlichen Museums
• Entwickeln der eigenen Vorstellungen und Ideen von einer Maske	Ausprobieren mitgebrachter und Herstellen eigener Masken
• Lernen, durch Verfremdung von Materialien und den Einsatz von Form und Farbe, neu zu gestalten	Während des Herstellungsprozesses der Masken und der Spielszene
• Bewegungs-, Körper- und Raumerfahrungen	Pantomime und Darstellungen im Spiel
• Erarbeitung einer Spielszene durch die Entwicklung phantasievoller Vorstellungen	Umsetzung einer offenen Situation in Bewegung, Musik und Gestalt

3. Reisevorbereitungen

3.1 Das Reiseprogramm im Überblick

- Einführung in unsere UE durch eine kleine Inszenierung von uns
- Besuch des Überseemuseums
- Herstellen der Maskengrundform
- Einführung des Themas: "Wir reisen auf einen anderen Planeten"
- Fertigstellung der Masken
- Bewegungs-, Körper- und Raumerfahrungen in der Turnhalle
- Entwicklung der Spielidee
- Gemeinsame Aufführung mit Masken

3.2 Diskussion der Reiseroute

Um unser zentrales Ziel, das gemeinsame Spiel mit Masken, zu erreichen, sahen wir drei mögliche Wege.

Weg	Schülerverhalten / Ablauf
(1) Keine Vorgabe der Spielidee.	Ausgangspunkt: die gebastelten Masken; Kinder übernehmen selbständig bestimmte Rollen. Experimentierphase – Spielidee – Spielszene
oder:	
(2) Es wird ein Thema vorgegeben, innerhalb dessen eine Spielidee/-szene entwickelt wird. Z.B.: "Wir sind auf einem anderen Planeten."	Masken werden unter diesem Thema hergestellt. Spielidee/-szene entwickelt sich aus der Fragestellung: "Was könnte auf einem anderen Planeten passieren? Was könnten wir darstellen?"
oder:	
(3) Konkrete Vorgaben der Spielidee. Z.B. "Der Frosch und die Maus", Christiane und Frederik, Rübe 2	Schüler erarbeiten die Rollen einer Spielszene, suchen sich eine Rolle (Tier) aus und erstellen Masken zu dieser Rolle. Kinder verwirklichen mit Masken die vorgegebene Spielszene

Im Rahmen unserer UE schien uns der zweite Weg am erfolgversprechendsten, da wir während der Hospitationsphase festgestellt hatten, daß die Schüler in einem stark strukturierten Unterricht gewohnt sind, nach klaren Anweisungen zu arbeiten. Unser Anspruch an die Schüler, selbständig und selbstbestimmt zu arbeiten und mit dem Angebot offener Lernsituationen kreativ, konstruktiv und phantasievoll umzugehen, schien für die Schüler dieser Klasse eine Überforderung zu sein. Diese Überlegungen ließen keine Möglichkeit für den ersten Weg offen. Der dritte Weg fand keine Übereinstimmung mit unseren Ansprüchen. Aus der von uns getroffenen Entscheidung für den zweiten Weg wurden die Schüler auf ein Thema festgelegt. Dies sahen wir für diese Klasse jedoch nicht als Einschränkung, sondern als Hilfe, Phantasie und Ideen entwickeln und umsetzen zu können.

Abb. 1

Abb. 2

ARIANE GARLICHS stellt in ihrem Artikel "Grundschule als Weg des Kindes" einen Vergleich zwischen der Überforderung des Kindes in öffentlichen Grundschulen und in alternativen Schulkonzepten auf. In den öffentlichen Schulen stellen die Anpassungsforderungen wie: stillsitzen, zuhören, den Mund halten und nur auf Anweisung handeln die Überforderung dar – in alternativen Schulen der *"Anspruch, daß die Schüler zu jeder Zeit entscheiden können oder sogar sollen, was sie tun und lassen wollen."* (GARLICHS 1984, 17) Daran wird deutlich, daß die Schüler Hilfen und Vorgaben sowie ausreichend Spielraum für selbstbestimmte Aktivitäten brauchen. Selbstbestimmtes Handeln bedarf eines Lernprozesses, bei dem man an den vorhandenen Voraussetzungen anknüpfen muß.

4. Erlebnisse während der Reise

4.1 Einladung zur Reise

Um unser Unterrichtsvorhaben einzuführen, entschlossen wir uns, den Kindern eine Pantomime vorzuspielen, die sich in zwei Abschnitte gliederte und wie folgt ablief:

Wir hatten uns alle drei als Kinder verkleidet. Zwei von uns spielten Ball. Die dritte Person versuchte mitzuspielen, wurde aber immer wieder ausgeschlossen. Daraufhin wendete sie sich ab und fand nach einiger Zeit zwei große Müllbeutel. Damit erregte sie das Interesse der anderen Kinder, und schließlich machten sich alle drei an den Plastiksäcken zu schaffen.

Der zweite Abschnitt begann mit dem Öffnen der Müllbeutel. Wir entnahmen den Beuteln drei Masken und setzten sie auf. Zuerst begannen wir nacheinander, später gleichzeitig, uns der jeweiligen Maske entsprechend zu bewegen.

Was hatten wir mit einer solchen Einführung bezweckt?

Zuerst wurde Spannung erzeugt. Die Kinder verfolgten das Geschehen wie gebannt. Ihr uneingeschränktes Interesse vermischte sich mit Neugier, und es wuchs der Wunsch, selbst aktiv zu werden. Daß wir ihnen Theater vorspielten, unsere Rolle als Lehrende verließen und uns mit ihnen gleichstellten, verschaffte ihnen die Möglichkeit, sich spontan und intuitiv zu verhalten. Die Klasse wurde zu einem relativ angstfreien Bedingungsfeld.

Als die Kinder selbst mit den Masken experimentieren, also ihre eigenen Vorstellungen und Phantasien in kreatives Handeln umsetzen konnten, entstand eine faszinierende Lebendigkeit. Alle Kinder konnten es kaum erwarten, eine Maske zu bekommen. Keine Spur von Hemmungen oder gar Angst vor dem Aufsetzen einer Maske. Vielmehr versanken sie sofort in eigenen Vorstellungen, und es war ihnen anzumerken, daß sie mit der Maske zu fühlen begannen. Es entwickelten sich zuweilen Spielphasen untereinander. Die Kinder steckten schon mitten im Entwickeln und Umsetzen ihrer – wenn auch noch etwas vagen – Ideen. So bekamen wir nicht nur eine Vorstellung von unserem Unterrichtsvorhaben, sondern steckten schon mitten in seiner Entwicklung.

Daß wir die Kinder durch unser Spiel zu eigener Aktivität angeregt hatten, stand außer Frage. Alle hatten Masken aufgesetzt, sich mit ihnen bewegt und nicht selten schon etwas dargestellt. Es lag nahe, daß sie über die Lust zum Spielen hinaus auch genügend motiviert sein würden, Material zu sammeln und eine eigene Maske zu bauen. Daß wir am Ende der Experimentierzeit noch eine Mal- und/oder Schreibphase unter dem Motto: "Hinter Masken kann man sich verstecken" anfügten, sollte den Kindern die Möglichkeit geben, ihre eigenen Vorstellungen zu den Masken und den hinter ihnen gemachten Erfahrungen zu reflektieren.

Wir "Lehrer" erhofften uns aus den entstandenen Produkten weiteren Aufschluß über die Vorstellungen der Kinder zum Begriff der Maske.

4.2 Planung und Gestaltung

Wir haben bereits dargestellt, welchen didaktisch-methodischen Weg wir angewendet haben und warum. Hier werden wir unser Vorgehen bei der Entwicklung der Spielszenen genauer beschreiben. Noch zu Beginn der UE gingen wir davon aus, daß die ganze Klasse zusammen eine Szene entwickelt und spielt. Im Laufe des Unterrichts bemerkten wir, daß wir zu wenig Zeit für die Entwicklung der Spielszene eingeplant hatten. Aus diesem Grund entschlossen wir uns, hierfür die Klasse zu teilen. Die beiden Gruppen arbeiteten in getrennten Räumen mit je einem Studenten zusammen. Jede Gruppe bekam einen zusammengefalteten Zettel, auf dem eine der folgenden **offenen Situationen** beschrieben war:

(1) *Menschen kommen auf einen fremden Planeten. Sie sind sehr neugierig auf die Planetenbewohner. Wie können sich die Menschen und die Planetenbewohner zueinander verhalten?*

(2) *Die Planetenbewohner werden alle von einem König (Herrscher) beherrscht. Sie sind sehr unzufrieden mit diesem Zustand. Wie könnten die Planetenbewohner die bestehende Ordnung verändern?*

Zu jeder Situation sollte von den Gruppen eine **Lösungsmöglichkeit** erarbeitet und in eine **Spielszene** umgesetzt werden. Die Schüler gingen unterschiedlich mit der offenen Aufgabenstellung um. Einige entwickelten Ideen für eine Lösung, andere schalteten völlig ab und beschäftigten sich mit anderen Dingen. Die Schüler waren kaum in der Lage, einander zuzuhören, geschweige denn sich aufeinander zu beziehen. Für uns bedeutete das, die einzelnen Ideen immer wieder zusammenführen zu müssen. Da die Schüler keine Vorerfahrungen im Darstellenden Spiel mitbrachten und wir zudem noch unter Zeitdruck standen, waren wir gezwungen, vermehrt Anstöße zur Umsetzung der Spielidee in die aktive Darstellung zu geben. Diese Erfahrungen verdeutlichen, daß es für das Lernen an und mit offenen Situationen wichtig ist, daß die Schüler selbstbestimmtes, kooperatives, kreatives und phantasievolles Lernen gewöhnt sind. Da wir unsere Unterrichtseinheit zu dritt durchführten, konnten wir jeder Gruppe einen Studenten *"als Vermittler von Wissen, Kenntnissen und Fertigkeiten"* (GARLICHS 1984, 16) zur Verfügung stellen.

Nachdem wir mit den Schülern die Spielszene erarbeitet hatten, begannen wir mit den **Proben**.

den Planetbewohnern
HINTER MASKEN KANN MAN SICH VERSTECKEN!

Abb. 3

Abb. 4

Beim Proben hatten die Schüler die Möglichkeit, sich selbst und andere in ihrer Darstellung zu erfahren. Die Reflexion der gemachten Erfahrungen führt zur Konkretisierung der Vorstellungen. Dies wiederum führt zur Veränderung der Darstellung. Die Schüler erlebten beim Proben die wechselseitige Beziehung zwischen ihren Vorstellungen und der Darstellung. Dennoch stellte sich das Proben für die Schüler als Schwierigkeit dar. Ständige Wiederholung führte schnell zu Ermüdung und Lustlosigkeit. Motiviert werden konnten die Schüler zumindest kurzfristig, indem wir ihnen den Zusammenhang zwischen Proben und Aufführung immer wieder verdeutlichten (siehe Punkt 3). Trotzdem fiel der Spannungsbogen der ersten Erwartung mit zunehmender Wiederholung ab. Dieses Problem tritt verstärkt auf, wenn in einer Spielszene nicht alle Rollen gleichgewichtig zum Tragen kommen (Haupt- und Nebenrollen).

Weitere Probleme tauchten durch die Verbindlichkeit des Turnhallentermins auf, was zur Folge hatte, daß wir die letzten Proben mit beiden Gruppen parallel in der Turnhalle durchführen mußten. Das führte dazu, daß sich die Schüler weniger auf ihre eigene Szene konzentrierten, weil sie durch das Geschehen in der jeweils anderen Gruppe zu stark abgelenkt wurden. Diese Schwierigkeit trat bei uns verstärkt in einer Gruppe auf, was wir der Unterschiedlichkeit der beiden Szenen zuschreiben. Die Schüler wurden zum ersten Mal mit dem Ergebnis der jeweils anderen Gruppe konfrontiert. Die Folge war, daß die Szenen sofort miteinander verglichen und damit in Konkurrenz zueinander gesehen wurden. Da die eine der beiden Spielideen wesentlich effektvoller ausgestaltet war (z.B. Verfremdung des Schwungtuchs und der Mülltüten), führte dies bei der anderen Gruppe zu Interesseverlust an ihrer eigenen Szene. Die Ablenkung verstärkte sich derart, daß die Fortsetzung des Probens für die betroffene Gruppe zur Pflichtübung wurde. Wegen der oben beschriebenen Schwierigkeiten beschlossen wir, nicht wie ursprünglich geplant einer anderen Klasse unsere Ergebnisse vorzuführen, sondern beschränkten uns auf gegenseitiges Vorspielen der beiden Gruppenergebnisse.

4.3 Die Aufführung

Zum Schluß unseres Beitrags möchten wir die schon vorgestellten Spielszenen und deren Entwicklung unter folgender Fragestellung ausführlicher beschreiben:

Welche Ideen hatten die Kinder, mit dem gestellten Problem umzugehen, und welche Lösungen haben sie entwickelt?

Auf einem Planeten, Milliarden von Kilometern entfernt von der Erde, herrscht Unruhe unter den Planetenbewohnern. Ständig sieht man sie, mit Früchten, frischem Wasser und gejagtem Wild beladen, einem Thron zueilen. Sie bedienen ihren König. Dieser König ist sehr mächtig und fordert von seinen Untertanen mehr und mehr. Die Planetenbewohner ärgern sich darüber, daß sich ihr König nur bedienen läßt und ihnen ständig neue Aufträge erteilt. Auf einer Versammlung, zu der alle Planetenbewohner gekommen sind, beratschlagen sie, wie sie sich gegen ihren König wehren können.

Was würdet ihr vorschlagen, wenn ihr an dieser Versammlung teilnehmen würdet?

Mit dieser Geschichte als Vorgabe sollte eine der beiden Schülergruppen ihre Spielszenen entwickeln.

Durch die Aufgabenstellung ausgelöst, kam es zunächst zu folgenden Reaktionen bei den Schülern. Vorstellungen, wie der König am besten umzubringen sei, wurden geäußert, die Möglichkeit der Flucht auf einen anderen Planeten in Betracht gezogen und die Bestimmung eines neuen Königs diskutiert. Die "aggressive Stimmung", die ihre spontanen Reaktionen begleitete, zeigte uns, daß die Schüler die Situation der Planetenbewohner nachvollziehen konnten und sie als ungerecht empfanden. Wir hatten also mit unserer Vorgabe eine emotionale Betroffenheit bei den Schülern herstellen können, da sie das Problem, sich jemandem unterordnen zu müssen, auf ihre Lebenssituation beziehen konnten. Ihre spontan geäußerten Vorschläge sind ein Spiegel, in dem sich die Möglichkeiten zeigen, die Schüler kennen, mit einem solchen Problem umzugehen. Diese Möglichkeiten sind entweder Flucht, Rückzug oder aber personenbezogener Angriff, getragen von dem Wunsch, selbst Anführer/König zu sein bzw. spielen zu können. Unser Anliegen war es, mit den Schülern die grundsätzlichen Probleme, wie man Widerstand leisten kann und ob es Anführer/Könige geben muß, zu bearbeiten. Wir wollten mit ihnen gemeinsam nach anderen Möglichkeiten (als den ihnen geläufigen) mit Hilfe eines Spiels bzw. einer fiktiven Geschichte suchen. Vor diesem Hintergrund forderten wir die Schüler dazu auf, über ihre spontanen Äußerungen hinaus weitere Möglichkeiten zu suchen. Einer der Schüler machte den Vorschlag, die Planetenbewohner könnten sich dem König widersetzen, indem sie seine Aufträge nicht mehr ausführen; sie konnten ihm das Angebot machen, seine Privilegien aufzugeben und ein gleichberechtigtes Mitglied der Gemeinschaft der Planetenbewohner zu werden.

Dieser Vorschlag entsprach unserem Anspruch an eine konstruktiv-kooperative Konfliktbewältigung und konnte von den Schülern als solche akzeptiert und ausgebaut werden. Sie entwickelten an Hand der erarbeiteten Lösungsmöglichkeit die im folgenden sinngemäß beschriebene Spielszene.

Ein Schüler stellt den König dar, der seine Untertanen (bestehend aus den verbleibenden Schülern) herumkommandiert. Bei den Untertanen macht sich zunehmend Unmut breit. Sie beginnen sich zurückzuziehen und schließen sich zu einem engen Kreis zusammen. Mit erhobenen Schildern treten sie wieder vor ihren Herrscher. Dieser muß nun feststellen, daß die Untertanen seinen Befehlen keine Folge mehr leisten. Nach einer pantomimisch dargestellten Diskussion wird er gezwungen, seine Privilegien aufzugeben, symbolisiert durch das Verlassen des Thrones; doch will er nicht aus der Gemeinschaft ausgestoßen werden.

Die andere Gruppe behandelte das Problem des Umgangs mit Fremden. Vorgegeben wurde: *Menschen kommen auf einen anderen Planeten und breiten sich dort mit ihrem Raumschiff aus.* Die Schüler sollten nun Lösungsmöglichkeiten dafür entwickeln, wie sie mit der Situation umgehen könnten. Die ersten Ideen, die geäußert wurden:

— die Planetenbewohner verjagen
— die Planetenbewohner umbringen
— die Planetenbewohner sind gefährlich.

Abb. 5

Abb. 6

Erstaunlich war die klare Vorstellung der Schüler darüber, daß die Planetenbewohner schlecht und grausam sind und die Menschen gut und sich im Recht befinden. Auch hier wurde deutlich, daß das oben beschriebene Problem für die Kinder auch in ihrem Lebensraum existiert. Die Möglichkeiten der Schüler, damit umzugehen, waren rigide und aggressiv. Da wir den Schülern andere Lösungsmöglichkeiten zeigen wollten, versuchten wir das Problem gemeinsam mit ihnen auf eine andere Art zu lösen. Die folgende Spielszene entwickelte sich daraus:

Die Planetenbewohner befanden sich in einer Ecke des Raumes. Die Besucher hatten das Schwungtuch zu ihrem Raumschiff erklärt. Große Müllbeutel stellten die Raumanzüge dar. In diesem Aufzug machten die Schüler mit ihrem Raumschiff die Reise zum anderen Planeten. Sie landeten, indem sie alle unter dem Tuch verschwanden. Die Planetenbewohner beobachten den Vorgang erstaunt und neugierig. Nachdem ein Schüler nach dem anderen unter dem Tuch hervorgekommen war und die neugierigen Planetenbewohner verjagt waren, setzten sich die Besucher zur Ruhe. Diesen Moment nutzten die inzwischen verärgerten Planetenbewohner und stahlen das Raumschiff. Als die Menschen dies bemerkten, gingen sie zu den Planetenbewohnern. Dort sahen sie, daß alle Planetenbewohner von einer schweren Krankheit befallen waren. Sie sagten den Kranken, daß in dem Raumschiff Medikamente seien. Da die Planetenbewohner keinen Schlüssel für das Raumschiff hatten, mußten sie den Menschen das Raumschiff wieder zurückgeben. Einer der Menschen verteilte die Tabletten. Daraufhin wurden die Planetenbewohner schnell wieder gesund. Zur Versöhnung tanzten sie alle gemeinsam im Kreis.

Die, trotz schon beschriebener Schwierigkeiten bei den Proben, sehr engagierte Aufführung bestätigte uns die Bedeutung der Umsetzung von Ideen in Darstellendes Spiel. Durch diese Umsetzung wurde die Konfliktbewältigung nicht ausschließlich auf gedanklicher, abstrakter Ebene vollzogen, sondern konnte im Spiel konkret erlebt und emotional handelnd nachvollzogen werden.

Die Schüler machen beim Spielen Erfahrungen, die sie auf ihre Lebenssituation übertragen und damit zur Problembewältigung heranziehen können.

Literatur

BAER, U.: Wörterbuch der Spielpädagogik, Basel 1981.
GARLICHS, A.: Grundschule als Weg des Kindes. In: Zs. Grundschule Heft 7/8 1984.
GOLD, V. u.a.: Kinder spielen Konflikte, Neuwied/Darmstadt 1975.
KEYSELL, P.: Pantomime für Kinder, Ravensburg 1977.
KLEWITZ, M. (Hg.): Kindertheater und Interaktionspädagogik, Stuttgart 1976.
KÖPPEL, G.: Spiel mit Masken, München 1980.
LANDESSTELLE FÜR ERZIEHUNG UND UNTERRICHT STUTTGART (Hg.): Darstellendes Spiel in der Grundschule, Ulm 1979.
MEYER, H.: Leitfaden zur Unterrichtsvorbereitung, Frankfurt am Main 1980.
RITTER, H.M.: Das Projektebuch, Berlin 1980.
SCHORNO, P. / WASSERMANN, P. (Hg.): Theaterwerkstatt für Kinder, Spielen, spielen, spielen, Band 1, 1978.
SEITZ, R. (Hg.): Masken – Bau und Spiel, München 1980

Maria Gardemann / Hans-Jürgen Zielmann

Frosch und Maus

Unterricht in Kl. 4d, Augsburger Straße, Bremen-Findorff
Klassenlehrerin: Frau Beulke
Betreuer: Manfred Polzin, Universität Bremen

1. Vorüberlegungen zur Unterrichtsthematik

In unserer Unterrichtseinheit haben wir mit den Kindern das Lied "Frosch und Maus" von FREDERIK VAHLE (VAHLE/KNAUF 1979; VAHLE 1984, 5. Aufl., S. 63) in und durch Darstellendes Spiel mit Masken umgesetzt. Das Lied schildert, wie Tiere als Gäste zu einem Fest kommen, feiern und sich in ihrer individuellen Eigenart zeigen. Ein ungeladener Gast, der Kater, stört das Fest und wird durch das Zusammenhalten der anderen Tiere vertrieben.

Wir suchten uns für das Maskenspiel ein Lied als Grundlage aus, um durch diesen geschlossenen Rahmen eine Orientierung für uns und die Kinder zu schaffen. Das Lied als Ausgangsstoff führt zu folgenden Aufgaben: Rollenfestlegung auf Tiere, Tiermasken bauen, Bewegungsvorstellungen von Tieren entwickeln, Szenenaufbau.

Diese Struktur gab uns zusammen mit den Kindern Sicherheit, auf das Thema einzugehen und es auszuarbeiten. Wir wollten den Kindern durch das Lied einen Handlungsrahmen geben, da sie offene Aufgabenstellungen nicht gewohnt waren und wir an ihren Lernvoraussetzungen anknüpfen wollten. Ebenso war uns wichtig, an Bedürfnissen der Kinder anzusetzen. Wir dachten, dies Lied bewegungsmäßig darzustellen, komme dem Interesse der Kinder an Tierbewegungs- und Nachahmungsspielen entgegen. Darüber hinaus regten wir zu einem neuen Medium, dem Maskenspiel an und in diesem Zusammenhang auch zu einer weiteren Auseinandersetzung mit Masken und ihrer Funktion im Rahmen eines Museumsbesuchs.

Das Maskenspiel mit der musikalischen Begleitung sollte vor anderen Klassen und vor den Eltern als Abschluß und Ausdruck dessen, was in der Unterrichtszeit von den Kindern erarbeitet wurde, vorgespielt werden. Hiermit wollten wir einen Beitrag dazu leisten, daß kleine Theaterstücke nicht nur zu besonderen Feiern, sondern durchaus im schulischen Alltag gespielt werden können und vor und mit Zuschauenden erprobt werden. Die Ausgestaltung des Liedes "Frosch und Maus" durch Darstellendes Spiel mit Masken birgt eine Vielzahl von Möglichkeiten für die Kinder, phantasievoll handelnd tätig zu werden. Außerdem ermöglichte es uns, eine sinnvoll aufeinanderbauende Einheit in mehreren Bereichen (Kunst/Musik/Sport/Dichtung/Spiel) zu entwickeln, in denen die einzelnen Stundenschwerpunkte in einem direkten Zusammenhang stehen und die Kinder zu den Aufgaben motivieren. (Warum sonst auch Maskenbau, wenn man nicht mit ihrer Funktion umgeht, also spielt.)

2. Die Darsteller

Die Grundschule, in der wir die Unterrichtseinheit durchführten, liegt in der Stadtmitte Bremens und umfaßt 14 Klassen mit ca. 350 Schülern und Schülerinnen.

Die Klasse 4d bestand zu unserer Unterrichtszeit aus 22 Kindern im Alter von 10 und 11 Jahren, darunter drei Kinder ausländischer Eltern. 10 Kinder waren Mädchen, 12 Jungen. Ein körperbehindertes Mädchen nahm im Rollstuhl bis zur 5. Stunde am Unterricht teil. Es schien uns, daß sie gut in die Klasse integriert war. Die Mädchen und Jungen hatten untereinander, wie es nicht nur in diesem Alter auftritt, erhebliche Berührungsängste. Bei Arbeiten in der Gruppe, hauptsächlich auch im Sportunterricht, machte sich dies durch eine starke Trennung nach Geschlechtern bei der Gruppenbildung bemerkbar.

3. Darstellendes Spiel mit Masken

3.1 Die Masken und ihre Bedeutung für uns

Wir denken, daß die Schüler in diesem Alter hauptsächlich Masken interessieren, mit denen sie schon durch Fernsehen oder Selbsterlebnisse bekannt geworden sind, z.B. Masken bei Faschingsumzügen oder auch die geheimnisvollen Verschwörermasken (Götter- oder Teufelsmasken) durch Bücher und Bilder usw. Um ihnen sachdienlichen Einblick geben und die geschichtliche und kulturelle Bedeutung der Maske erklären zu können, mußten wir uns selbst erst einmal gründlicher mit dem Thema beschäftigen.

Es wird unter dem Begriff der Maske sowohl die Maskierung des gesamten Körpers (Maskenkleid) als auch lediglich die Verhüllung des Gesichtes verstanden. Bei der Gesichtsmaske wird zwischen Ganz-, Halb- und Teilmaske unterschieden. Darüber hinaus bezeichnet der Begriff Maske auch Gesichtsplastiken an Gebäuden, Gegenständen oder Amuletten. (Die Kinder fanden den Begriff: Die Maske ist ein zweites Gesicht.)

"Masken existieren schon seit Urzeiten, und ihre Bedeutung war grundverschieden von der heutigen: was ursprünglich Geist, Ahne, Halbgott u.a. bedeutete, wandelte sich erst viel später zur Maskierung, wie wir sie heute kennen." (BERTSCHI, HANNES: Masken und Gesichter, Basel 1982, S. 9)

3.1.1 Maskenwesen in Europa

In Europa gehören Masken mit ursprünglichem Symbolsinn eher der Vergangenheit an. Mythen und Glaubensinhalte, die die Masken repräsentieren, existieren in der Volkskunst weiter, aber sehr reduziert und auch teilweise verfälscht. In ihrer traditionell festgelegten Bestimmung treten Masken nur noch in einigen Alpenregionen oder als Faschingsmaskerade auf. Die Faschingsumzüge (Frühjahrszeremonien) markieren in den Alpentälern den Jahreswechsel. Während es gilt, den Winter zu vertreiben, der durch häßliche Hexen- oder Teufelsmasken dargestellt wird, soll dem Frühjahr, verdeutlicht durch schöne Masken der Fruchtbarkeitsgötter, zur Herrschaft verholfen werden. Eine Pervertierung der Masken in Europa wurde durch die sog. Schandmaske bewirkt. Früher wurden Frauen, die als Hexen angeklagt wurden, während des Prozesses unter Hexenmasken gesteckt, damit sie als diese deutlich erkennnbar waren.

In der heutigen Zeit werden Masken vielfach als Gebrauchsgegenstände verwendet: z.B. als Schutz-, als Gas- oder Schönheitsmaske oder um sich aus besonderen Anlässen heraus dahinter zu verstecken.

Die Theatermaske wird in westlichen Ländern hauptsächlich von Freien Theatergruppen genutzt, um durch den Einsatz charakteristischer Masken bestimmte Wirkungen zu erzielen.

3.1.2 **Japanische Masken** (im Überseemuseum Bremen)

Die Nō-Theatermasken gibt es in Japan seit dem 14. Jahrhundert. Sie stehen in der Tradition der Gigaku-Masken (Gigaku-Musik des Landes Go) und der Bugaku-Masken (Bugaku – ein Tanz ohne oder mit Masken, die durch ihren beweglichen Unterkiefer auffallen). ANDREAS LOMMEL unterscheidet 5 Kategorien bei den Nō-Theatermasken: "Götter, Männer, Frauen, Wahnsinnige und Dämonen". (LOMMEL, ANDREAS: Masken, Gesichter der Menschheit, Zürich 1970, S. 181)

Im klassischen No-Theater werden Tragödien aus der Feudalzeit gezeigt. Es sollen keine Ahnen oder Geister beschworen werden. Die japanischen Masken sind aus Holz und Lack und ganz leicht.

3.1.3 **Maskenwesen in der Südsee** (Überseemuseum Bremen)

Das Maskenwesen in der Südsee ist am verbreitetsten in Neuguinea im Sepik-Tal (Papua) sowie auf dem Bismarck-Archipel. Die Fundamente des Maskenkultes sind Kulturphänomene, wie Animismus (Allbeseelung der Natur und der Umwelt), Ahnenverehrung, Totemismus, Männergeheimbünde und Initiation (ein Jüngling wird zum vollwertigen Mitglied des Stammes durch die Reifezeremonie: Nach dem religiösen Glauben sterben die jungen Männer, indem sie von einem Krokodil, einem maskierten Ungeheuer, verschlungen werden; später werden sie, aus dem Ungeheuer schlüpfend, als neuer Mensch wiedergeboren).

Die Männer des Dorfes schließen sich anläßlich bestimmter Rituale und Zeremonien in den sogenannten Männergeheimbünden zusammen, Frauen sind vom Männerkulturhaus ausgeschlossen. Bestandteile der Rituale sind: geheime Herstellung der Masken, Initiation der Novizen, Maskenprozession, Maskenverbrennung.

Die Melanesier lassen die Geister der Ahnen bei Totengedächtnisfeiern, Initiationen usw. in der Gestalt Maskierter auftreten. Sie glauben, daß die menschliche Seele nach dem Tod mehr Kraft besitzt als zu Lebzeiten. Die Ahnen nehmen Anteil an allem Geschehen ihrer alten Gesellschaft und sind darauf bedacht, daß die alten Sitten auch in der Gegenwart Beachtung finden. Die Urform der Ahnenmaske ist die Maske aus einem echten Schädel. *"Die seelisch-geistigen Kräfte der Vorfahren sind besonders in den Schädeln der Ahnen konzentriert."* (LOMMEL, ANDREAS, a.a.O., S. 58). Später stellten die Melanesier ihre Masken aus den verschiedensten Materialien her, wie Holz, Flecht- und Knüpfwerk, Baumrinde, Schildpatt usw.

3.2 Spiel mit Masken

Die Tiermasken, die sich die Kinder gebaut hatten und zur Darstellung der Tiere des Liedes "Frosch und Maus" nutzten, hatten u.a. die Funktion, den Kindern das Hineinschlüpfen in eine Rolle zu erleichtern, wobei hauptsächlich die Bewegung im Vordergrund stand. Masken bieten dem Menschen die Möglichkeit, *"ein anderer sein zu können, die Kraft, die Macht, den Glanz, die Rollen des anderen glaubwürdig übernehmen zu können, mit dem Gesicht des anderen auch dessen Position und Bewegung einzunehmen."* (RUDOLF SEITZ, Masken, Bau und Spiele, München 1980, S. 7)

Die Masken, eingesetzt beim Spiel, helfen von den im Alltag reduzierten Bewegungen wegzukommen und deutlich erkennbare, charakteristische Bewegungsformen zu entwickeln. Gibt man den Kindern die Möglichkeit zu Darstellendem Spiel, so eignen sie sich in der Spieltätigkeit durch spezifische Ausdrucksformen die Umwelt in vielfältiger und phantasiereicher Form an; sie vergegenständlichen ihre Erfahrungen, realisieren sie im Spiel. Im Darstellenden Spiel mit oder ohne Masken wird die Phantasie, als die Fähigkeit, sich eine Person, ein Tier, eine Situation vorzustellen, genutzt, um die Realität zu verarbeiten.

3.3 Das Lied "Frosch und Maus"

Das Lied wirkt auf Kinder wie auch auf Erwachsene lustig und befreiend. Dies liegt sicherlich u.a. in der gelungenen Zuordnung von überspitzten menschlichen Eigenschaften zu bestimmten Tieren und an der charakteristischen Bewegungsbeschreibung. Es lassen sich bestimmte Verhaltensweisen der Tiere auf Menschen übertragen, z.B. das Herausputzen der Maus vor dem Spiegel oder das stolzierende Gehabe des Hahns oder das Supermannhafte des Froschs . . .

Wir meinen, daß das Lied in diesem Sinne nicht nur ermöglicht, die charakteristischen Merkmale der Tiere zu erkennen und sie phantasievoll darzustellen, sondern auch Konflikte, die im Text stecken, aufzuarbeiten — vorausgesetzt, sie entsprechen Konflikten der Gruppe oder einzelner, z.B. der sich anbahnende Sexualkonflikt in diesem Alter (10-11), wenn Junge und Mädchen sich nicht trauen, einander zu berühren (Frosch küßt die Maus!), oder die Möglichkeit, bei Gefahr von außen zusammenzuhalten (Kater Karlo zu verjagen), oder das Verstehen von Nicht-Eingeladenen (Kater Karlo als Außenseiter) usw. . .

Nicht zuletzt können über die Textanalyse in bezug auf Versmaß, Sprache, Wiederholung etc. Elemente der Dichtung herausgearbeitet werden. (Vgl. Abb. 1)

Abb. 1
". . . und küßt die Maus,
die liebt ihn doch"

Abb. 2
Im Museum: Die Kinder
füllen den Fragebogen aus

4. Unser Weg bis zur Fertigstellung des Stückes

4.1 Besuch im Übersee-Museum: Vorbereitung, Durchführung, Nachbereitung in der Klasse

Wir wollten erreichen, daß die Kinder verschiedene Aufgaben und Funktionen von Masken erkennen und deren Bedeutung im Lebenszusammenhang der Menschen in verschiedenen Kulturen kennenlernen (z.B. Papua-Neuguinea, Europa, Japan).

Zuerst führten wir selbst ein Maskenspiel vor, um einen Hinweis auf das Thema zu geben und nicht einfach nur erklärend vorzugehen. Die Kinder berichteten von ihren eigenen Erfahrungen mit Masken und trugen ihre Kenntnisse vor. Wir hielten die wichtigsten Merkmale fest und versuchten eine Klärung des Begriffs "Maske".

Dann folgte der Besuch im Übersee-Museum: Anschauen der Masken aus Papua-Neuguinea und Japan. Die Kinder sollten dabei einen von uns ausgearbeiteten Fragebogen ausfüllen, der auf die genannten Länder Bezug nahm. Dritte Aufgabe war das Zeichnen einer selbstgewählten Maske.

In der Klasse gingen wir an eine gemeinsame Auswertung der Fragebogenantworten: Wir trugen sie zusammen, ordneten und berichtigten, klärten unbekannte Begriffe.

Dann zeigten wir Dias von Masken aus dem Übersee-Museum. In der Schlußdiskussion arbeiteten wir den Unterschied zwischen Papua-Masken und japanischen Masken heraus: den Unterschied zwischen rituellen Beschwörungsmasken und z.B. dämonischen Theatermasken (Abb. 2).

4.2 Herstellen von Tüten- und Tiermasken

Eine unserer Zielsetzungen im Bildbereich war, daß die Schüler und Schülerinnen lernten, eine einfachste Form von Maske, eine Tütenmaske, herzustellen. Gestaltet werden sollte sie durch flächiges Bemalen und Verwendung zusätzlicher Materialien. Darüber hinausführend sollten auch Tiermasken in plastischer Ausformung hergestellt und durch Bemalung in Wirkung oder Ausdruck gesteigert werden.

Wir stellten an der Tafel die Aufgabe "Tütenmaske" dar und erarbeiteten mit den Kindern verschiedene Formen von Augen, Nase, Mund und Gesichtsform. Dazu nutzten wir die Dias der Masken des Überseemuseums. Jetzt waren noch technische Anleitungen zu Form und Herstellung der Masken aus Packpapier nötig; dann konnte das Bemalen nach eigenen Form- und Farbvorstellungen einsetzen. Benutzt wurden Wachsstifte in flächigem Auftrag; dazu weitere Materialien zur Akzentuierung (Abb. 3).

Der nächste Abschnitt begann mit einem Tafelbild "Tiermaske". Wir hielten die verschiedenen Formen charakteristischer Merkmale von Tiergesichtern fest, bezo-

Abb. 3
Tütenmasken der Kinder

Abb. 4
Die Kinder arbeiten an den Tiermasken

gen auf die Tiere, die in dem Lied vorkommen. Die Kinder konnten sich frei entscheiden, welche Tierrolle sie für die Maske übernehmen wollten. Dementsprechend sollten sie dann mit Hilfe von Zeitungspapier, Kleister und Alu-Folie die Maske bauen. Als Grundform empfahlen wir eine aus zerknülltem Zeitungspapier geformte Halbkugel. Diese wurde mit Alu-Folie überdeckt, darüber die beklebte Zeitungspapierseite. Die feineren Formen charakteristischer Tiergesichtszüge sollten durch mehrfach aufeinandergeklebte Zeitungsschnitzel erreicht werden: Hervorstehen von Nase, Backen usw. (Abb. 4).

Nach dem Abtrocknen konnten die Masken mit Plakafarben bemalt werden. Stabilisierung und Verbesserung oder Verschönerung war durch Beschneiden und Bekleben des Randes möglich. Zum Tragen und Gebrauch der Maske wurden Augen ausgeschnitten und ein Gummiband befestigt.

4.3 Übungen zum Darstellenden Spiel und Bewegungsspiele

Hier kamen Körperbewegung und Körperausdruck zum Zuge: Ausdruck ohne Sprache – Gestik, Körperhaltungen, Bewegungsabläufe. Dann sollten Körperausdruck und Sprache wieder zusammengeführt und in der Kombination für das Thema improvisierend eingesetzt werden.

Während der gesamten Unterrichtszeit lernten die Kinder neue Bewegungs- und Darstellungsspiele. Sie sollten den Einsatz ihres Körpers als Ausdrucksinstrument verstärken und gezielter einbringen können. Im Übergang und zur Anregung spielten wir "Fuchsschwanzjagd mit Bändern" und "Katz und Maus" als Fangspiel. Danach gingen wir zur Darstellung und Improvisation von Tiergangarten und Tierrollen über und bezogen Geräusche und stimmliche Begleitung ein. Das führten wir auch als Vorstellungs- und Begrüßungsspiele durch: als Schüler, als Erwachsene, als Mondmenschen, als Säugling. Dazwischen kamen neue Arten der Inanspruchnahme im Blindenspiel: ein Kind führt ein anderes, das die Augen geschlossen (oder verbunden) hat, durch den Raum und über Hindernisse.

Die umfassendste Aufgabe in diesem Durchgang war die Umsetzung einer Geschichte (des Liedes) in Bewegungs- und Ausdruckshandlungen (Abb. 5).

4.4 Einführung des Liedes "Frosch und Maus"

Zunächst kam es darauf an, die Handlungen und den Sinn des Textes von "Frosch und Maus" herauszuarbeiten. Danach sollten die Kinder lernen, das Lied zu singen und sicher wiederzugeben (Abb. 6).

Um die beiden genannten Ziele zu erreichen, ließen wir die Geschichte nacherzählen, die am Vortag in der Turnhalle vorgestellt und von den Kindern nachgespielt worden war. Dann gingen wir an das Lesen und Analysieren des Liedtextes: Wie ist der Text aufgebaut, welchen Inhalt hat er? Schließlich übten wir das Singen des Textes ein, auch mit verteilten Rollen. Verschiedene Darstellungsformen der Tiere wurden dem zugeordnet. Am Schluß entwarfen wir gemeinsam einen

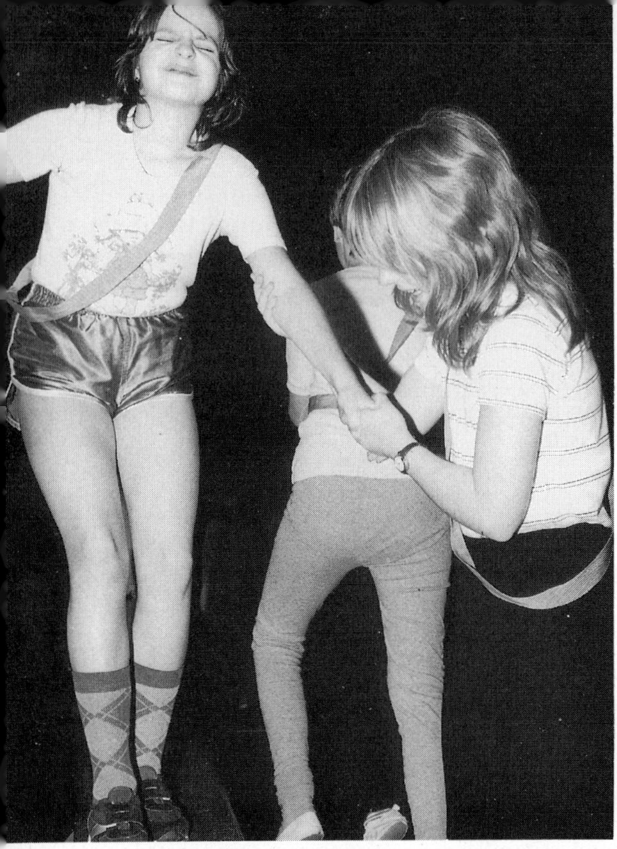

Abb. 5
Blindenspiel

Abb. 7
Kater Karlo warnte seinen kleinen Sohn

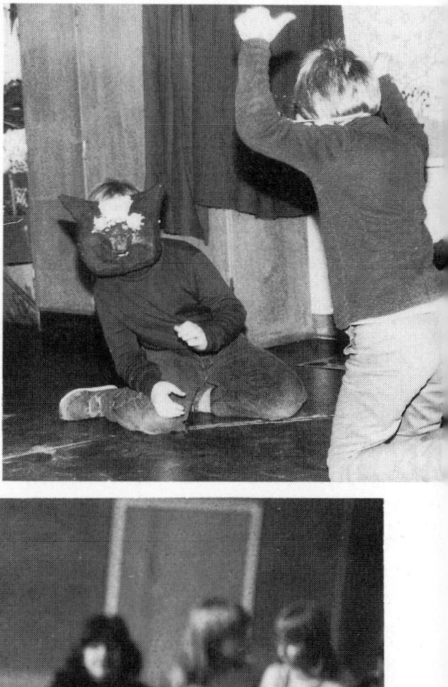

Abb. 6 Die Kinder stellen Tiere dar

Plan, wie das Liederspiel aufgeführt werden sollte. Dazu gehörten der Bühnenaufbau, das Singen des Liedes und gleichzeitiges Darstellen der Szenen (mit und ohne Masken). In den Proben kamen Probleme der Vorführung auf, die wir zu lösen hatten, d.h. wir mußten Verbesserungen erfinden, Veränderungen ausprobieren.

Die Aufführung sollte vor anderen Klassen und den Eltern stattfinden.

4.5 Das Lied "Frosch und Maus" als Darstellungsspiel mit Masken

Für die Aufführung mußten alle vorher geübten Teile kombiniert und in einen Ablauf gebracht werden. Vor allem Gesang und Bewegungs- und Ausdrucksleistungen mußten aufeinander abgestimmt werden. Der als Darstellungsraum neu gestaltete Ort war in das Spiel einzubringen (Größe, Richtungen, Raumwege usw.); besonders das Spiel mit Masken war hinsichtlich der Orientierung im Raum und auf die Zuschauenden besonders zu berücksichtigen. Letztlich kam es darauf an, Bedeutungen vorzuführen und zu übertragen.

Wir stellten die Spielgruppe und ihre Untergruppen zusammen, bestimmten den Chor und versuchten, die einzelnen Szenen auch in verschiedenen Darstellungsformen zu entwickeln.

5. Wo blieb die Phantasie?

Während der Erarbeitungsphase typischer Charaktereigenschaften von Tieren im Darstellungsspiel "Frosch und Maus" stellten wir uns öfter die Frage, inwiefern ist Phantasietätigkeit bei Kindern sichtbar? Konnte durch die Vorgaben (Lied, Bewegungsformen) vielleicht von vorneherein Phantasietätigkeit eingeschränkt sein? Wir sind der Meinung, daß jedes Kind in der Ausgestaltung, d.h. in der eigenen Darstellung, seiner Tierrolle die Möglichkeit besaß, seiner Phantasie freien Lauf zu lassen.

Die Charaktereigenschaften der Tiere wurden anhand eines Tafelbildes mit den Schülern gemeinsam erarbeitet. Ausgangspunkt war der Liedtext, d.h. eine vorgegebene Situation, die durch szenische Darstellung ausgestaltet werden sollte. Innerhalb der großen Gruppe machten die Kinder Vorschläge und spielten die unterschiedlichen Ausformungen vor der ganzen Gruppe vor. Anschließend wurden die Vorschläge in der Gesamtgruppe kommentiert und kritisiert, gegebenenfalls für Veränderungen vorbereitet oder ergänzt. Die Masken dienten als hilfreiche Orientierungen, um Typisches in der Tierdarstellung herauszubringen. Jedes Kind konnte an seine Erfahrungen und Vorstellungen anknüpfen, war aber der gemeinsamen Überprüfung ausgesetzt. Das konnte einschränkend wirken, war aber auch eine neue Herausforderung zu Weiterentwicklungen und Veränderungen. Die Bereitschaft von beiden Seiten, sich aufeinander einzulassen (der Ton der Kritik, die Qualität der Vorschläge, Bereitschaft zur Relativierung und Einsicht), bestimmten Situation und Fortgang. Bewegungsvorstellungen von Tieren, welche die Kinder selbst nicht oder nicht genügend kannten, wurden durch vorgespielte Vorschläge eingebracht, Anhaltspunkte ergänzt, Bewegungsabläufe erweitert oder überhaupt erst ermöglicht.

Die endgültige Entscheidung für den Ablauf traf die ganze Gruppe. Für uns galt das nicht als Phantasieverlust. Es blieb die Möglichkeit, in der Aufführung am Schluß aus den vorbereiteten Darstellungsformen weitere zu entwickeln oder sogar neue Ideen auf der Basis der bisherigen Arbeit einzubringen und zu realisieren.

Ein kleines **Beispiel** mag dies verdeutlichen. Im Liedtext heißt es: "Und dann kam Onkel Ratte rein, der trank sein Bier und schlief gleich ein." Über die Möglichkeiten der Darstellung und die Festlegung gab es lebhafte Diskussionen. Sollte die Darstellung des Biertrinkens pantomimisch oder mit realen Requisiten, mit richtigen Gläsern und einer Bierflasche oder nur so "als ob" vorgeführt werden? Sollte Onkel Ratte sich auf einen Stuhl setzen und auf diesem einschlafen, oder sollte er besser stehen und dann langsam heruntergleiten? Die Kinder waren der Ansicht, daß reale Requisiten der Darstellung mehr Ausdruck geben würden. Die Zuschauenden würden sich stärker darauf einlassen. Eigene Erfahrung, Interpretieren, Empfindungen anderer, gesehene Darstellungen gingen in die Diskussion ein. Dennoch entwickelte sich eine wiederum eigenständig nuancierte Darstellung. Phantasie knüpft an Erfahrungen und Erinnerungen an (Abb. 8).

Abb. 8
"Und dann kam Onkel Ratte rein, der trank sein Bier und schlief gleich ein"

6. Einsichten und Aussichten

Während des Verlaufs der Unterrichtseinheit stellten wir bei den Kindern insgesamt eine produktive und gefühlsmäßig engagierte Lern- und Arbeitshaltung fest. Wir gehen davon aus, daß dies u.a. dadurch bedingt war, daß die Kinder die einzelnen Phasen als Teile eines vorstellbaren Ganzen erfahren konnten.

In der Identifikation mit der selbstgewählten Rolle, zumindest in der Einstellung auf diese Rolle, ergab sich — gesetzt durch den Rahmen des Spielliedes — auch die Zuordnung zu dem größeren Ganzen. Die Kinder hatten eine Vorstellung von dem spezifischen Sinn ihres Beitrags in einem als wünschenswert erachteten Zusammenhang: in der Orientierung auf eine Aufführung, in der sie mit anderen zusamen ein Ganzes herstellen würden. Das Selbstwählen der Rolle und der daraus folgende Maskenbau war als inhaltliche Entscheidung wichtig; die Kinder konnten eigenen Vorstellungen und Bedürfnissen folgen, mußten sich bemühen, Charakteristisches zu treffen, konnten mit den Verhaltens- und Machtrollen umgehen, vielleicht etwas davon ausspielen.

Wir stellten allerdings auch fest, daß die Masken während der Erarbeitung des darstellenden Spiels keine zentrale Bedeutung hatten. Offensichtlich war den Kindern nicht wichtig, für ihre Selbstdarstellung und die Darstellung einer Rolle im Spiel "eine verbergende Maske" zu benutzen. Das ist möglicherweise eher eine Orientierung und Verhaltensweise von Erwachsenen. Die Kinder hatten so viel Darstellungsdrang und Erfindungsgabe, daß sie (jedenfalls in diesem Spiel) die Masken nicht brauchten. Je öfter das Spiel wiederholt wurde, desto intensiver und produktiver wurden ihre Darstellungen. Andererseits wurden die Masken nicht überflüssig: Der Bau hatte die Kinder interessiert, und bei der Vorführung unterstrichen die Masken die Ausgestaltung, die "Ansicht" der Vorführung.

Wir hatten im übrigen darauf geachtet, daß alle Kinder anhand der Aufgliederung in Chor und Spielgruppe eine Möglichkeit eigenen Darstellens fanden, sowohl aktiv handelnd als Spielende dabei zu sein, wie auch zwischendurch zuschauend und sich vergewissernd sich einen Eindruck zu verschaffen, der ins Spiel zurückwirken konnte.

Möglichkeiten der Erweiterung und Vertiefung sehen wir im Ausbau des Musikanteils: wenn im Gebrauch von Instrumenten weitere Ausdrucksmöglichkeiten und Ausgestaltungsformen hinzutreten, und wenn im Rahmen auftretender Schwierigkeiten (Stockungen, Weigerungen, Konflikte zwischen Kindern oder Kindern und Lehrenden) andere Arbeitsformen, z.B. im Sinne von Konfliktbearbeitung, ansetzen und in den Gesamtarbeitsprozeß einbezogen werden (siehe Abschnitt 3.3.).

Literatur

VAHLE, F. / KNAUF, Ch.: der Fuchs, die Rübe 2, lustige und listige Lieder, 30 cm LP, "pläne"-Verlag, Dortmund 1979

VAHLE, F.: Liederspatz. Dortmund, 5. Auflage 1984

BERTSCHI, H.: Masken und Gesichter, Sphinx-Verlag, Basel 1982
LOMMEL, A.: Masken, Gesichter der Menschheit, Parkland Verlag Stuttgart, Zürich 1970
SEITZ, R.: Masken, Bau und Spiele, Donbosco Verlag, München 1980
SCHORNO, P. / WASSERMANN, P.: Theaterwerkstatt für Kinder, Spielen, spielen, spielen Bd. I, Lenos Press / Z-Verlag, Basel 1978
SEIDEL, G. / MEYER, W.: Spielmacher, Spielen und Darstellen I, Verlag Erziehung und Wissenschaft, Hamburg 1975
Zeitschrift: Praxis Grundschule 10/78, H. 4

Robert Erdmann / Matthias Klink / Birgit Poerschke

Hexen / Walpurgisnacht

Unterricht in Kl. 2 A, Grundschule Rablinghausen (Bremen)
Klassenlehrerin/Mentorin: Ingrid Gömann
Betreuer: Edgar Zimmer, Universität Bremen

Abb. 1
Die Klasse 2 A, Grundschule Rablinghausen

Vorbemerkungen

Wir haben uns bei der Darstellung unserer Unterrichtseinheit auf zwei Gesichtspunkte konzentriert:

- die Auseinandersetzung mit dem Hexenthema (wie wir auf das Thema gekommen sind, welche Assoziationen und Ausweitungen sich für uns und die Kinder ergaben, wie das Thema sich im Verlauf des Unterrichts verwandelte),
- unsere Bemühungen um die Integration der Fachanteile Kunst/Musik/Sport.

1. Das Hexenhaus

Wir beginnen mit einigen Ausführungen zum realhistorischen Gehalt des Hexenthemas, da dies für uns selbst in der Aufnahme und Ausarbeitung des Themas besondere Bedeutung hatte.

1.1 Zur Geschichte

In der Zeit der Hexenverfolgungen wurde das Magische auf eine bestimmte, zweckdienliche Weise in den Status realer Existenz erhoben. Auf diese Weise wurde es möglich, das Hexenproblem anklagbar und in macht- oder religionspolitischer Sicht nutzbar zu machen.

Der Flug der Hexen zum Hexensabbat, das Fest auf dem Blocksberg konnten nur als wirklicher Vorgang dargestellt und entsprechend der Vorstellung suggeriert werden. Die durch Hexensalbe verursachten Flughalluzinationen konnten als Beweis realer Flugfähigkeiten gelten.

Die Kirche entwickelte Gesichtspunkte von Ketzertum und Hexenwesen, die strenge Verfolgung, Anklagen und Strafen bis hin zu Folter und Verbrennungen rechtfertigten.

Im Zusammenhang dieser Ausmerzungsstrategien nahm die Hexe auch Tiergestalt an. Das Tier war sichtbar, die Hexe in dieser Gestalt unsichtbar. Die Krähe, die in der Dämmerung flog, konnte eine Hexe sein; zu wissen war es nicht. Die unmittelbar fehlende Beweisbarkeit wurde zu einem besonderen Grund hochnotpeinlicher Untersuchungen.

Bekämpft werden sollten auf diese Weise heidnische Kulturrelikte (in Verbindung mit Mummenschanz und Reigentanz, eben auch mit Unbotmäßigkeit), hemmungslose Gefühlsausbrüche, abweichende Bedürfnisse und Ansprüche usw.

Hexenkulte wurden u.a. als Parodie auf christliche Rituale verstanden und damit als Vorgaben für "Feindbilder" genutzt. Dabei wurden besonders Frauen hinsichtlich ihrer Moral und ihren Wesens als gefährlich und niedrig abgestempelt: *"Also schlecht ist das Weib von Natur, da es schneller am Glauben zweifelt, . . . was die Grundlage für die Hexerei ist."* (Hexenhammer, 1487, zitiert nach HAUSCHILD u.a. 1979).

Neuere Forschungen haben deutlich gemacht, daß in den Hexenverfolgungen außer religiösen Motiven ein anderes, möglicherweise das eigentliche, wirksam war: Die medizinische Versorgung, einschließlich des Wissens um Geburt und Tod, lag weitgehend in der Hand von Frauen, Hebammen, Kräuterfrauen!

Da in den Hilfen und Behandlungen oft oder immer begleitende Sprüche und wortreiche Beschwörungen oder andere magisch wirkende Handlungen eine Rolle spielten, war es leicht, die ganze Tätigkeit als Verhexung zu kennzeichnen. Wetterzauber sollte Naturkatastrophen verursacht haben, Personenzauber Krankheiten und Tod. "Eine Hexe und eine Giftmischerin sind dasselbe" (BODIN). Bis heute wirken solche Vorstellungen, besonders auf dem Lande, nach.

Wegen dieser Machtstellung und des möglichen Einflusses auf die Zahl der Geburten – es waren hinreichend Kenntnisse zur Verhütung und Abtreibung bei den "weisen Frauen" – kam in einer Zeit, als Unbegrenztheit der Geburten aus Machtgründen wichtig wurde und zugleich der Wechsel der Bestimmung über Leben und Tod (weg von den Frauen zu Männern) angezeigt schien, die Verfolgung dieser Personen und ihrer Praktiken auf: die Verfolgung und Vernichtung der sogenannten Hexen. Außer den alten Hexen wurden auch junge Frauen, die vom Teufel besessenen jungen Hexen, verklagt und getötet. Darin spricht sich ein weiteres Motiv der Frauenvernichtung und -unterwerfung aus, das aus einer anderen Angst der Männer herrührt(e).

Strategien der Leibfeindlichkeit und der Unterwerfung des Körpers ließen die Hilfen der weisen, kenntnisreichen Frauen als Aufstand gegen die Gebote Gottes erscheinen ("unter Schmerzen sollst du gebären"), das Glück im Diesseits sollte ausgetrieben werden, um dem Jenseits umfassendere Bedeutung zu sichern.

1.2 Die magische Dimension

Wir kennen alle die Märchenhexe. Sie verkörpert nur sehr verdeckt historische Aspekte. Insbesondere für Kinder ist sie eine Verkörperung des Magischen, eine böse Frau, die zaubern kann, wie immer auch die Möglichkeit und Macht des Zauberns vorgestellt und angenommen werden mag. Das bedeutet, daß hier etwas Dauerndes, Nicht-Vergängliches Geltung hat, gleichwohl relativiert ist oder relativiert werden sollte. Der magisch-phantastische Gehalt der Hexenfigur in Märchen und ihren Derivaten (Märchenfilm, Comic, Kinderbüchern) schien uns nicht zu festgelegt, um nicht etwas bewirken zu können für eine Vielfalt von Auslegungs- und Gestaltungsmöglichkeiten; andererseits auch gegensätzlich genug (die durchgehend böse Hexe im Märchen, die freundlichere "kleine Hexe" im Kinderbuch, lustige Hexen in Filmen oder Comics), um nicht — je nach Bedarf — auch Probleme mit aufklärerischem Anspruch bearbeiten zu können.

Wir gingen allerdings zunächst davon aus, daß wir etwas gegen die Diskriminierung von Frauen als Hexen tun wollten, allerdings auch etwas für den Spaß beim Darstellen einer "Walpurgisnacht".

2. Übersicht über die Unterrichtseinheit

Unsere Unterrichtseinheit war in 11 Abschnitte gegliedert, die sich auf 22 Schulstunden verteilten.

Im ersten Abschnitt lasen wir den Kindern eine Passage aus einem Grimmschen Märchen vor, in dem eine Hexe vorkommt ("Die zwei Brüder"). Wir wechselten das Wort "Hexe" im Vorlesen gegen "Wildaz Wip" aus (eine Bezeichnung für die hecse, hagzissa, hagazussa, in der Zuordnung zu "Menschenfrau" sich ausdrückt). Die Kinder sollten herausfinden, wer oder was "Wildaz Wip" (wildes Weib) ist. Es zeigte sich, daß den meisten die Zuordnung möglich war.

Im zweiten Abschnitt sprachen wir mit den Kindern über die reale (historische) Hexe und Hexenverfolgungen. Dem folgte die Vorstellung der "Sudelhexe" (Text:

BRUNO HORST BULL, Sprechreim: HEINZ LEMMERMANN).

Wir verbanden rhythmisches Klatschen mit dem Nachvollzug und ließen die Kinder danach ein Hexenbild malen. Im vierten Abschnitt ging es um die Herstellung der Rohform einer Hexenmaske aus Pappmaché. (Abb. 2)

Es folgte die Vorarbeit für einen musikalischen Anteil: Basteln einer Rassel und ihr Einsatz beim Darstellen der Sudelhexe.

Im sechsten Abschnitt kam die Körperarbeit zum Zuge. Wir entwickelten mit den Kindern verschiedene Bewegungsformen des Gehens und Laufens, auch die Bewegung in eine stehende Position hinein: z.B. Mannequin, alte Frau, Kind, Baby oder ängstlich, fröhlich, ärgerlich usw. Wir arbeiteten zunächst mit der Gesamtgruppe aller Kinder und zur Hilfe auch mit einzelnen Kindern.

Im nächsten Abschnitt konnten wir die Masken weiter bearbeiten, sie fertigstellen und ausprobieren (Abb. 3).

Dann bildeten wir Gruppen., in denen die vorher mit allen eingeübten Bewegungsformen wieder aufgenommen und mit der Orientierung auf Gruppendarstellungen inhaltlich umgewandelt wurden. Jetzt kam es darauf an, daß sich Gruppen zusammenfanden und ein Thema für eine gemeinsame, auch variierte Bewegungsfolge fanden und ausprobierten. Eine besondere Rolle spielten: Musikgruppe, Eisenbahn, Roboter.

Im neunten Abschnitt ergänzten wir den Musikanteil durch den Bau und das Ausprobieren zweier weiterer Musikinstrumente. Alle Kinder bauten eine Trommel oder einen "Näselquäker". Die fertigen Instrumente wurden "in freier Improvisation" erprobt und mehr oder weniger für gut befunden.

Schließlich studierten wir das Lied "Die alte Moorhexe" ein (Abb. 4).

Den Abschluß bildete die Feier der "Walpurgisnacht", bei der alle hergestellten Masken und Instrumente eingesetzt wurden (Abb. 5).

Das war eine Art "Hexengeburtstag" mit einem bunten Programm, in dem Szenen mit Bewegung gespielt, Kombinationen von Musik und Bewegung vorgeführt und Spiele für alle oder Gruppen eingestreut waren.

3. Themensuche und Entscheidung

3.1 Ausgangspunkte

Von unseren Vorerfahrungen im Maskenbau und -spiel ausgehend, wollten wir etwas in dieser Richtung auch mit den Kindern probieren. Die eigene Erfahrung und Begeisterung ist zwar noch kein Grund, Gleiches auch mit Kindern zu machen; aber in diesem Falle schien uns ein Interesse der Kinder und eine sinnvolle Anwendung der Maske (Medium und Inhalt) ziemlich sicher.

Die thematische Orientierung "Maske" war aber noch kein Inhalt. Zunächst waren auch weitere Bedingungen zu berücksichtigen: Bei welchen Inhalten ließen sich

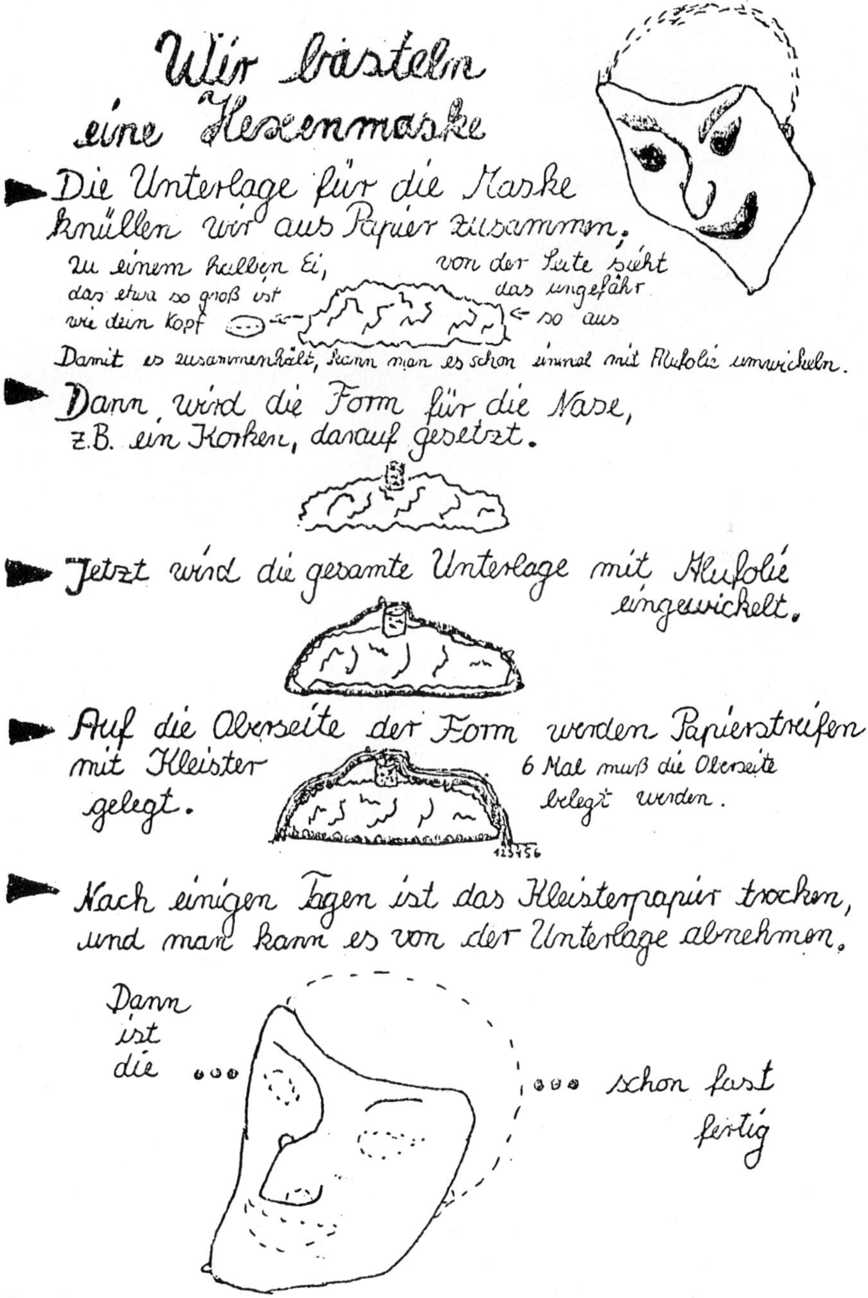

Wir basteln eine Hexenmaske

- Die Unterlage für die Maske knüllen wir aus Papier zusammen.

zu einem halben Ei, das etwa so groß ist wie dein Kopf

von der Seite sieht das ungefähr so aus

Damit es zusammenhält, kann man es schon einmal mit Alufolie umwickeln.

- Dann wird die Form für die Nase, z.B. ein Korken, darauf gesetzt.

- Jetzt wird die gesamte Unterlage mit Alufolie eingewickelt.

- Auf die Oberseite der Form werden Papierstreifen mit Kleister gelegt.

6 Mal muß die Oberseite belegt werden.

123456

- Nach einigen Tagen ist das Kleisterpapier trocken, und man kann es von der Unterlage abnehmen.

Dann ist die ... ... schon fast fertig

Abb. 2
Arbeitsanleitung zur Herstellung einer Hexenmaske (Material: Pappmaché)

Abb. 3
Arbeit an der Rohform der Maske

Abb. 5
Hexenmasken im Gebrauch

Abb. 6
Die Kinder begleiten ein Lied
mit den selbstgebastelten Instrumenten

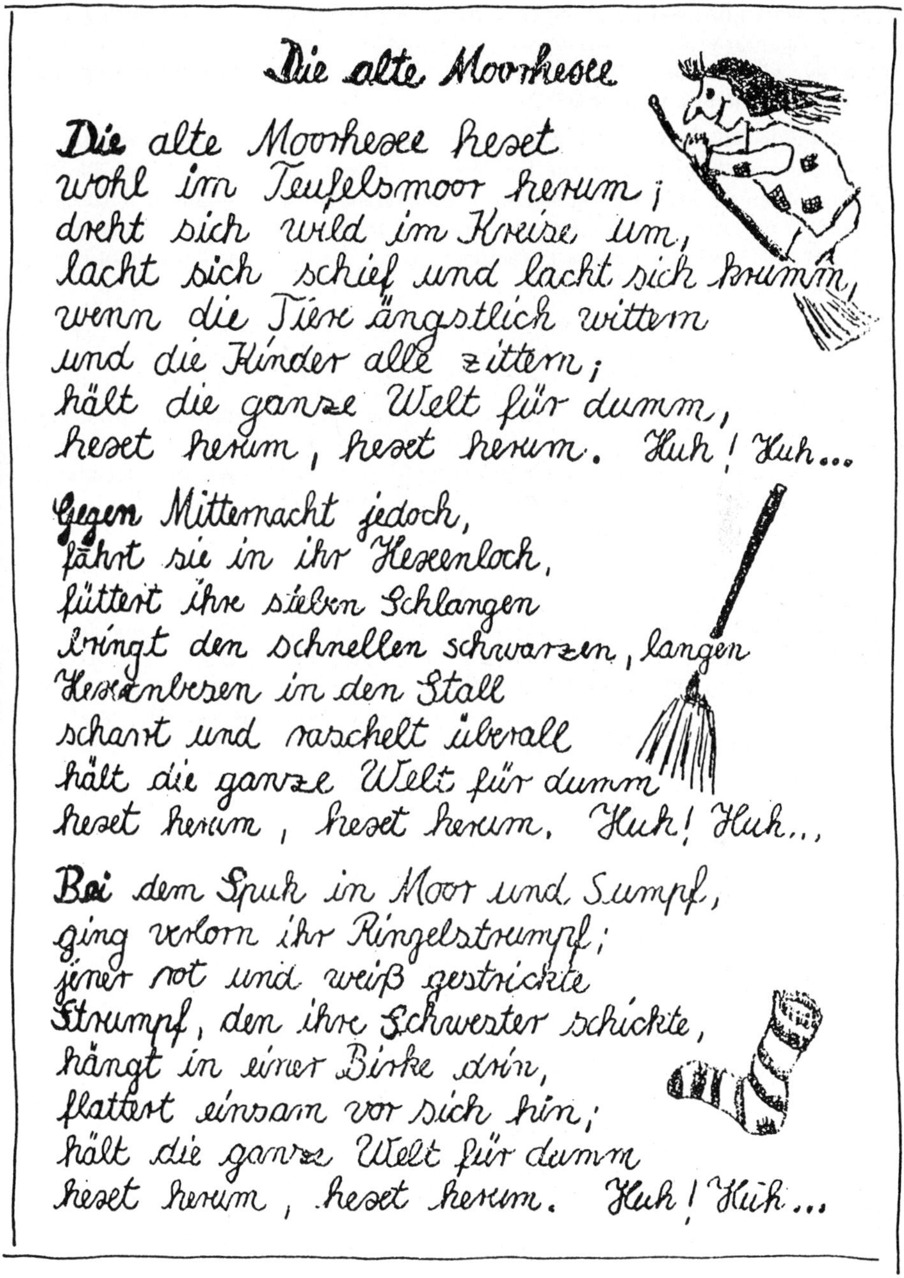

Die alte Moorhexe

Die alte Moorhexe hext
wohl im Teufelsmoor herum;
dreht sich wild im Kreise um,
lacht sich schief und lacht sich krumm,
wenn die Tiere ängstlich wittern
und die Kinder alle zittern;
hält die ganze Welt für dumm,
hext herum, hext herum. Huh! Huh...

Gegen Mitternacht jedoch,
fährt sie in ihr Hexenloch,
füttert ihre sieben Schlangen
bringt den schnellen schwarzen, langen
Hexenbesen in den Stall
scharrt und raschelt überall
hält die ganze Welt für dumm
hext herum, hext herum. Huh! Huh...

Bei dem Spuk in Moor und Sumpf,
ging verlorn ihr Ringelstrumpf;
jener rot und weiß gestrickte
Strumpf, den ihre Schwester schickte,
hängt in einer Birke drin,
flattert einsam vor sich hin;
hält die ganze Welt für dumm
hext herum, hext herum. Huh! Huh...

Abb. 4
Text: "Die alte Moorhexe" (JEHN)

Musik, Sport und Bild kombinieren und im Wechselspiel zum Tragen bringen, wie konnte Phantasie Raum haben, was wäre für uns und die Kinder gleichermaßen attraktiv, würde es etwas Neues sein; wie konnten wir unser Wissen einbringen und war es hinreichend erweiterbar?

Zuerst kamen wir auf Fasching (das würde in die Zeit fallen); es erschien uns aber abgedroschen. Dann tauchte die Kinderoper "Peter und der Wolf" auf. Da fehlte unserer Meinung nach hinreichender Fachverstand, um musikalisch bestehen zu können. Eine Ausstellung "Hexen" und der Hinweis auf das Kinderbuch "Die kleine Hexe" (Otfried Preußler) brachten uns auf die Idee, den Unterricht mit diesem Thema zu versuchen.

3.2 Festhalten am Hexenthema

Wir trugen unsere Hexengeschichten zusammen (Erinnerungen, Empfindungen, Urteile) und studierten den Text JUDITH JANNBERGS "Ich bin eine Hexe" (1983). Naturbezug, weise Frau, die Informationen zur Geschichte bestärkten uns in der Annahme, daß dies ein wichtiges und geeignetes Thema sei.

3.3 Vorstellungen und Erfahrungsmöglichkeiten

Wir gingen davon aus, daß für das Hexenbild der Kinder das Klischee aus den Märchen bestimmend sein würde, merkten dann aber, daß auch die "Kleine Hexe" bekannt war. Ein Schüler hatte auch etwas von den "historischen Hexen" gehört. Mit der Zuspitzung auf "Walpurgisnacht" war u.E. eine Zusammenführung vieler Aspekte (mediale und inhaltliche) möglich; es konnte etwas ganzheitlich Sinnvolles in der Lerngruppe entstehen. Das sollte draußen am Feuer und abends aufgeführt werden (leider ausgefallen wegen Wetter- und Zeitproblemen).

3.4 Lernziele und Aufgaben

- Relativierung des herkömmlichen Hexenbildes, Aufhebung von Vorurteilen
- Anregung von Phantasie: verbal, bildlich, musikalisch, sensomotorisch
- Förderung von Zusammenarbeit
- Differenzierung handwerklicher und künstlerischer Fertigkeiten.

Wir wollten von drei Orientierungen im Hexenverständnis ausgehen:

a) böse Hexe (GRIMMs Märchen)
b) weise Frauen (Verfälschung in der Geschichte)
c) gute Hexe (PREUSSLER, Die kleine Hexe; HASLER, Die Hexe Lakritze) (Abb. 7).

In einer Veranstaltung "Darstellendes Spiel in der Grundschule" hatten wir selbst für uns Flachmasken und plastische Masken hergestellt und im Ausdruck erprobt. Für das Hexenthema erschienen uns die stabilen und ausdrucksstarken plastischen Masken geeignet. Den größeren Zeitaufwand wollten wir im Interesse von Vielfalt und Intensivierung bewußt einbringen. Schwierigkeiten bereiteten dann das

Abb. 7
Vier Hexen

Bestimmen der Proportionen und die Fremdheit unter der Maske: Atemführung, Bedeckung des Gesichts, Einschränkung des Sehfeldes – jeweils Anlaß zu Hemmungen und Angstgefühlen. Wir hatten es mit nicht vorhergesehenen Aufgaben zu tun, konnten aber aus der Situation heraus, nachdem die Probleme deutlich wurden, den Kindern helfen, trotzdem mit den Masken zu probieren und sie für die Aufführung zu nutzen. Für musikalische Anteile bezogen wir "Die alte Moorhexe" (JEHN) und den Sprechreim "Die Sudelhexe" (LEMMERMANN) ein. Beim Bau der Musikinstrumente (einfachste Formen) nutzten wir Anregungen aus HOETZEL u.a. "Projektgruppe Bau- und Spielfest".

Der Hexentanz sollte verschiedene Arten der Bewegung und Fortbewegung enthalten: kriechen, hüpfen, rollen, krabbeln.

4. Das Thema im Unterricht

Die "artigen" Kinder identifizierten sich mit der guten kleinen Hexe. Das zeigte sich besonders bei der Maskenbemalung und dem Spiel mit den Masken. Es schien auch, als würden sie die "böse" Hexe sich nicht selbst zuordnen, sondern einer weiblichen Person aus ihrem Erfahrungskreis. Einige Kinder hatten Schwierigkeiten, sich mit ihrer Maske, die offensichtlich etwas anderes ausdrückte als sie ausgedrückt sehen wollten, anzufreunden. Andere schoben die Maske, die sie behinderte, nach oben, so daß sie wieder frei sehen und atmen konnten. Im Gewirr dieser Probleme, die noch dadurch verstärkt wurden, daß einige Masken mehr Tier- und Clownsmasken als Hexenmasken waren, blieb uns nichts übrig, als ein Stück weit von dem eindeutig gedachten Hexenthema abzuweichen. Das betraf auch die spezielle Zuordnung einer geeigneten Musik (Hexenmusik) zum Thema. Es fehlte uns selbst an Phantasie in den entscheidenden Augenblicken, um solche Schwierigkeiten zu überbrücken oder durch intensivere Arbeit zu Lösungen zu führen. Uns schien, daß das im Sinne der "Ganzheitlichkeit" des Themas wichtig gewesen wäre und bei uns selbst — in Voraussicht solcher Schwierigkeiten — einer besonderen und weitergehenden Vorbereitung bedurft hätte. Wir waren zwar die "Bastelheinis" für die Kinder, konnten aber das Thema nur mit gewissen Abstrichen (Umwandlungen, Abdriften) halten.

Im Abschlußfest gab es eine merkliche Wende: Riechen und Schmecken kamen zum Zuge, das Bewegungslied spielte eine Rolle mit Singen und Tanzen; es gab auch einen Hexenschmaus, der Bedeutung hatte, weil die Kinder in Spielform ihre "Spezialitäten" anbieten konnten: gesalzene Spinnenbeine, eingemachtes Schlangengift als besonderen Trank usw. Das war eine "sehr eigene" Belustigung, machte aber auch das Spielen mit neuen Aspekten interessant.

5. Generelle Probleme

Die Kinder waren in Kunst, Musik und Sport von drei verschiedenen Lehrkräften in drei verschiedenen Räumen unterrichtet worden. Wir hatten zwar "freie Hand", das bedeutete aber nicht, daß wir die Gewohnheiten und Erwartungen der Kinder ohne weiteres verändern oder neu orientieren konnten. Wir mußten uns weitgehend an den Stundenplan halten, darin waren die Fächer angegeben, aber nicht "Walpurgisnacht" als komplexes, übergreifendes Thema. Es dauerte einige Zeit, bis die Kinder sich umstellten; und auch dann mußten wir öfter erneut klarmachen, daß es auf etwas anderes ankommen sollte als erwartet wurde, etwas anderes als je abgetrennten Sport- oder Musik- oder Kunstunterricht, nämlich Verbindungen von Kunst, Musik und Sport, wie z.B. im Maskenbau und -gebrauch, beim Instrumentenbau und -gebrauch und beim Tanzen nach Musik.

Zur inhaltlichen Entwicklung ergab sich, daß wir nicht von eindeutigen Vorstellungen zu Hexen und Walpurgisnacht ausgehen konnten. Wir wollten auch keine bestimmte Absicht oder trennende Gliederung der Anschauung durchsetzen. Das brachte uns allerdings in Schwierigkeiten in den Situationen, in denen bestimmte Darstellung, d.h. entschiedene Darstellung in einer entschiedenen Auffassung, wichtig schien (Abb. 8).

Wir konnten das Thema durch wechselnde Akzentuierung über einen (für ein 2. Schuljahr) relativ langen Zeitraum aufrechterhalten.

Abb. 8
Die Kinder probieren
die Masken an

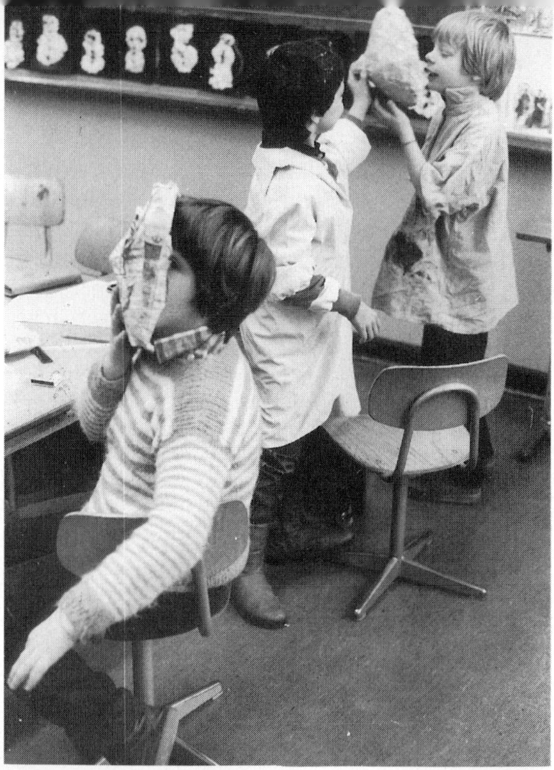

Abb. 9
Masken: schön häßlich /
häßlich schön

Das erscheint uns von einigem Belang gegenüber den üblichen, von uns als nachteilig eingeschätzten Zerstückelungen der Stoffe. Es wären auch Ausweitungen auf andere fachliche Anteile möglich gewesen, z.B. Betonung literarischer oder sprachlicher Aspekte, Verstärkung der historischen Gesichtspunkte (für die ein nach und nach entstehendes "historisches Bewußtsein" nach unserer Meinung so früh wie möglich in Anspruch genommen werden sollte, z.B. hinsichtlich der Hexenverfolgungen und des Hexenglaubens) oder ein biologisch orientierter Anteil, in dem über Kräuter und Heilung Nachforschungen angestellt werden könnten. Das alles ließe sich auch wieder rückbinden in die Betonung ästhetischer Aspekte (mit Bildern, Musik und Spiel zu diesen Anteilen). Es wäre vielleicht günstig, sich dazu einen späteren, das Thema wieder aufnehmenden und erweiternden Unterricht vorzustellen (Abb. 9).

In der angestrebten (von uns im voraus entworfenen) Möglichkeit der Kombination von Kunst, Musik und Sport spielte die Herstellung der Masken und ihr Einsatz eine besondere Rolle: Schminken bot uns zu wenig Distanz, die Maske die doppelte Möglichkeit, sich zu verbergen, aber dennoch aufzutreten und das nackte Gesicht und das neue im Wechsel zu erproben.

Musik sollte heftig und wild einbezogen werden in der Einübung zur Walpurgisnacht und der schließlichen Aufführung. Dazu sollten besonders auch die einfachen Instrumente und ein durchdringender Rhythmus beitragen.

Die ausgewählten "Hexentänze" waren sowohl freie Tänze als auch Tänze mit vorgegebenen Schritten und Bewegungen. Hier sollten sowohl die individuell künstlerisch gestalteten Bewegungen als auch die in der Gruppe aufeinander abgestimmten Schritte probiert werden (Abb. 10).

Unsere Idealvorstellung erreichten die Kinder natürlich nicht. Das lag allerdings auch an uns selbst, da wir uns nicht trauten, die Sache auf die Spitze zu treiben, bzw. da dies noch nicht gelang.

6. Phantasie und Praxis

Die Vorstellungskraft der Kinder über Hexen war von vornherein geprägt durch ihr Vorwissen. So konnte nicht davon ausgegangen werden, daß der Begriff Hexe in den Köpfen der Kinder nicht schon belegt wäre. Das Wissen um Hänsel und Gretel oder die "kleine Hexe" von Preußler begrenzte das Thema.

Unsere Aufgabe mußte zunächst heißen, die Substanz des Themas zu erweitern. Dies geschah, indem wir den Kindern die historische Hexe vergegenwärtigten. Zusammen mit der bereits bekannten Märchenhexe wurde so ein größerer Rahmen für eine phantasievolle Ausgestaltung des Hexenbegriffs geschaffen.

Die "Walpurgisnacht" sollte das verbindende Glied zwischen Kunst, Musik und Sport sein. Hier sollten die Künste, wie es auch früher der Fall war, rituell zusammengeführt werden. Für uns war die "Walpurgisnacht" eine Art Rückgriff auf die Volkskultur, wie es sich ähnlich auch beim Karneval verhält. Hier fanden die künstlerischen Anteile in integrierter Form Anwendung. Es kamen die Hexenmas-

Abb. 10
Vielfalt und Bewegung:
sie könnten sich noch steigern

Abb. 11
Die Hexenklasse

ke und die gebastelten Musikinstrumente zum gemeinsamen Einsatz, und auch die Möglichkeit des freien Tanzes war gegeben.

Literatur

GREINER, U.: Die Hexen sind unter uns. In: Die Zeit 12 (1985)
GRIMM, Gebrüder: Grimms Märchen, Erlangen o.J.
GOLDWIN, S.: Die weisen Frauen, Die Hexen und ihr Heilwesen, Basel 1982
HALLER, W.: Das Buch der Hexen, Stuttgart o.J.
HASLER, E.: Die Hexe Lakritze, Zürich o.J.
HAUSCHILD, T. / STASCHEN, H. / TROSCHKE, R.: Hexen, Katalog zur Ausstellung, Hamburg 1979
HOETZEL, A. u.a.: Projektgruppe Bau- und Spielfest. Tübinger Spielfest 1982, Ginnheim 1983
JANNBERG, J.: Ich bin eine Hexe, Erfahrungen und Gedanken, Bonn 1983
JEHN, M. u. W.: Die alte Moorhexe, Lilienthal/Bremen o.J.
LEMMERMANN, H.: Servus Tante Annegret, Boppard/Rhein 1972
LEUTENBAUER, S.: Hexerei- und Zaubereidelikt in der Literatur von 1450 – 1550, Berlin 1972
PREUSSLER, O.: Die kleine Hexe, Stuttgart 1968
SCHÄFER, H.: Hexenmacht und Hexenjagd. Hexenaberglaube in Geschichte und Gegenwart, Hamburg 1957

Regina Komarek / Marita Müller / Dieter Stoll

Kinder spielen Tiere

Unterricht in Kl. 1b, Schule Kantstraße, Bremen-Neustadt
Klassenlehrerin und Betreuerin: Brigitte Maier (Praxislehrerin)

1. Vorüberlegungen zum Thema

Wir waren uns schnell darüber einig, daß in dem Vorhaben *Kinder spielen Tiere* die allgemeinen Zielsetzungen "Interdisziplinarität", "Phantasie" und "praktisches Tun" erfüllbar sein würden. Besonders gingen wir davon aus, daß Kinder gern mit Tieren umgehen, an ihnen aus vielerlei Gründen interessiert sind und daß sie Spaß haben würden, ihre Erfahrungen mit Tieren und ihre Wünsche im bezug auf Tiere auszuspielen.

Als eine Geschichte, die sich auf die Lebenswelt der Tiere bezieht und zwischen sachlicher Betrachtung und phantasievoller Ausgestaltung von Tierleben hin- und hergeht, schien uns das "Dschungelbuch" von RUDYARD KIPLING ein brauchbarer Hintergrund und konkreter Ansatzpunkt. Es kommen sehr unterschiedliche Tiere vor; andere lassen sich einbeziehen. Ein noch zu wählender Ausschnitt konnte ergänzt, auch umgewandelt werden. Für ein vorgestelltes Abschiedsfest ließen sich die einzelnen Ansätze und Ergänzungen zusammenführen. Tiermasken, Kulissen, Kostüme würden eine Rolle spielen. Singen, Tanzen und Spielen von Liedern, Umsetzen von Tierbewegungen und deren Darstellung im Aufführungszusammenhang konnten ins Zentrum der Arbeit rücken.

In Absprache mit der Klassenlehrerin wollten wir das Thema eng begrenzt halten und versuchen, den Kindern Orientierungshilfen für die Bearbeitung von Realitätserfahrungen mit Tieren, aber auch für den Ausdruck von Vorstellungen und Wünschen in bezug auf Tiere vermitteln.

2. Warum spielen Kinder Tiere?

Bei der Befragung unseres Themas stellten wir fest, daß es Fachliteratur zum Rollenspiel in Fülle gibt, daß aber über das Spielen von Tierrollen nur wenig ausgeführt ist.

ANDREAS FLITNER hat sich in einem kurzen Abschnitt mit der Darstellung von Tieren durch Kinder auseinandergesetzt (Das Kinderspiel, 1973). Bei der Wahl einer Rolle, meint er, übernimmt das Kind nicht nur – wie man annehmen könnte – Wunschrollen in bezug auf Größe und Stärke, sondern auch Rollen von Kleineren und Schwächeren. Es geht also u.U. auch hinter seinen eigene Reifestatus zurück und spielt in der Tierrolle das Kleinkind, ein hilfloses Wesen usw.

Im Gewand der Rolle kann es die Forderung "Du bist doch kein Baby mehr" beiseiteschieben und z.B. Retardierungswünschen folgen, die sonst nicht mehr zugelassen sind, vielleicht aber doch wichtig sind im Reifeprozeß (z.B. um kurz darauf erhebliche Schritte nach vorn zu machen oder wenigstens im Spiel noch einmal früher erfahrene Arten oder Stärken von Zuwendung zu fordern, vielleicht andeutungsweise erfüllt zu bekommen).

Spielt das Kind ein Tier, dann kann es je nach Rollenwahl auf der Erde herumkriechen, Krach machen, kratzen, beißen, sich schmutzig machen — lauter Verhaltensweisen, die sonst vielleicht nicht mehr zugestanden sind.

Wenn der Anspruch an das Kind von außen, vernünftig und erwachsen zu sein, überbetont ist, kann es sich hier eine Rolle nehmen und erspielen, die solchen Forderungen *nicht* gehorcht und dennoch Gestaltung, Erfahrung, Erlebnis, Leistung ermöglicht. Das bedeutet, daß ein solches Rollenspiel durchaus im Dienste der Ich-Strukturierung steht, daß Lernen erfolgt, u.U. Entlastung ermöglicht wird. Manchmal suchen Kinder sich Tiere (Rollen) aus, die Symbole der Macht verkörpern, nicht nur Kraft und Überlegenheit, sondern auch einen Status und eine Eigenart von Herrschaft. Zuweilen formen sie im Tier-Rollenspiel ein Tier in ein Menschenwesen um, das sprechen und verstehen kann (wie die Wünsche es eingeben), das sich dennoch anders benehmen darf wie ein Kind, wie ein Mensch. FLITNER nennt diesen Spieltypus "getarnte Nachgiebigkeit". Das ist aber sicher nur eine Version der Auslegungsmöglichkeiten.

Das Kind kann sich (etwas, etwas von sich) in der gewählten Rolle ausleben. Es kann ein dargestelltes Tier auch schlecht behandeln. "Es ist ja nur ein Tier": Das ist allerdings mehrdeutig und in der konkreten Situation sicher verknüpft mit der jeweiligen eigenen Lage und den emotionalen "Befindlichkeiten". Es zeigen sich zwei Tendenzen in der Wahl der Tierrolle und jeweils erneut und differenzierend in ihrer "Durchführung": eine subjektive (mit Schichtungen) und eine objektivierende (mit Richtungen). In einer Schulklasse, es werden wohl nur erste und höchstens zweite Klassen für solche diekten Tierrollenspiele in Frage kommen, käme es dann darauf an, u.a. zu beobachten, welches Kind welche Tierrolle übernimmt und durch Versuche der Verknüpfung von Vorwissen und Anschauung das Wie und Warum zu ergründen. Sicher liegen darin Chancen, ein Kind besser kennenzulernen und zu verstehen. Ein Gespräch über seine Tierrolle ist wahrscheinlich leichter zu führen als eine direkte Befragung zu Problemen oder Erlebnissen. Das hat in unserer Unterrichtseinheit nur am Rande eine Rolle gespielt, scheint uns im Zusammenhang aber durchaus wichtig.

3. Was wir vorfanden

Unsere Unterrichtsversuche fanden in einer Grundschule statt, die eine alte Schule ist und in dieser Größenordnung als kleine Stadtschule gilt. Zur räumlichen Ausstattung gehörten außer den Klassenräumen eine kleine Turnhalle und ein Musikraum, in dem einiges aus dem Orffschen Instrumentarium zur Verfügung stand.

Wir hospitierten in mehreren Stunden wöchentlich über einen Zeitraum von 12 Wochen vor unserem eigenen Versuch. Wir denken, daß wir die 28 Kinder, 21 Jungen und 7 Mädchen, ganz gut kennenlernten. Der sozialen Herkunft nach kann man die Kinder durchgehend zur Mittelschicht rechnen. 9 Ausländerkinder befanden sich in der Klasse. Einige Kinder lebten mit zahlreichen Geschwistern in beengten Wohnverhältnissen. 10 der 28 Kinder gingen nach der Schule in den Hort. Die Verlagerung des Sozialschichtniveaus zur unteren Mittelschicht hin war deutlich.

Die Klasse machte einen lebhaften und im Verhalten freien Eindruck. Die Kinder saßen an Gruppentischen nach eigener Wahl. Sie zeigten sich durchweg interessiert am Unterricht. Zuweilen äußerten sie nachdrücklich ihre jeweiligen Bedürfnisse, auch Kritik. Die Lehrerin (unsere Mentorin) versuchte, durch Wechsel in Methoden und Medien den Wünschen oder Notwendigkeiten Rechnung zu tragen. Sie unterrichtete zeitweilig frontal, begann aber mit Versuchen, Gruppenarbeit einzuführen und diese auch nach Zielsetzung und Arbeitsmöglichkeiten zu differenzieren. Sie entwickelte zusammen mit den Kindern Regeln und Verhaltensvorschläge für die Aktivitäten der Gesamtgruppe, für Kleingruppen und die einzelnen Kinder.

In den meisten Unterrichtsstunden hatten die Kinder Gelegenheit, eigene Gestalstaltungen zu versuchen. Dabei bildeten sich öfter kleine Gruppen, die im rückwärtigen Teil des Klassenraums mit dem bereitliegenden Material an Tischen oder auf dem Fußboden arbeiteten oder spielten.

Wir stellten für uns fest, daß wir gezwungen sein würden, bei Planung und Durchführung unseres Unterrichts den schnell wechselnden Aufmerksamkeiten und Bedürfnissen der Kinder ähnlich wie die Klassenlehrerin nachzugehen und methodisch zu antworten.

Methodenwechsel mit Einsatz unterschiedlicher Medien war wichtig, um der sich oft zeigenden und sich schnell steigernden motorischen Unruhe und der sich leicht einstellenden Unkonzentriertheit und Müdigkeit zu begegnen. Es war nötig, Stoffe und Anforderungen zu differenzieren, da sich starke Leistungsunterschiede zeigten. Einige Kinder lasen bereits Bücher, während andere kaum Wörter lesen konnten.

Um unsere eigenen Erfahrungen mit solchen Problemen hinreichend einzubringen, wollten wir nicht alles vorweg planen, sondern in einzelnen Phasen nacheinander: zwar an einem roten Faden entlang, für die konkreten Entscheidungen aber zugleich von den jeweiligen Vorerfahrungen her.

4. Aufbau unserer Unterrichtseinheit

Dem Ansehen des Films "Das Dschungelbuch" sollte eine möglichst ergiebige Besprechung folgen, danach das Malen einer Szene aus dem Film einsetzen. Bezogen auf das Ziel einer Aufführung schien uns die Fortführung der Geschichte nötig.

Tierdarstellung in Form von Spielübungen sollte ergänzt werden durch Malen des Lieblingstieres. Marsmenschen sollten vorkommen, Masken- und Kulissenbau sich anschließen.

Dann war das Dichten und Üben eines Liedes wichtig (nach der Melodie der "Vogelhochzeit"), besonders eben das Erfinden eigener Textzeilen ("Der Elefant, der Elefant, der trampelt durch das ganze Land").

Schließlich würden die Proben wichtig sein, am Schluß dann die Aufführung des Ganzen.

5. Ziele

Wir wollten die geforderte Integration von Kunst/Musik/Sport versuchen, dem Projektthema gerecht werden (phantasievolle Gestaltung: Musik, Bild, Bewegung), Rollenspiel einüben (dabei auch das Typische eines Tieres in der Darstellung herausbringen), Requisiten gestalten (Masken, Kulissen), Singen mit Instrumentenbegleitung (Stimmschulung, Gedächtnisleistung), Rhythmen einüben und entsprechende Bewegungen den Rollen mitteilen, schließlich eine gemeinsame Aufführung zustande bringen, bei der die Kinder miteinander spielen und singen sollten (also eine gemeinsame Leistung vollbringen).

6. Das Lied entsteht

Hier ging es in der Hauptsache um das Dichten (Erfinden) und Einüben des Liedes (Text und Ton).

Wir sangen die von uns selbst gedichteten Strophen den Kindern vor. Die Akkordeonbegleitung war sehr laut, faszinierte aber wohl die Kinder; den Refrain sangen sie bald mit. Einige schnallten ihre Schultasche vor den Bauch und imitierten das Akkordeonspiel. Als der eingeübte Gesang dann wieder durch Akkordeon begleitet wurde, belebte sich das Interesse neu. Der Gesang wurde kräftig, der Text verständlich, viele Kinder beteiligten sich.

Beim Erfinden der weiteren Strophen überraschten uns die Kinder durch Entschiedenheit und Schnelligkeit: Sie hatten in kurzer Zeit Texte für alle noch fehlenden Tiere. Es wäre wohl möglich gewesen, sie alle Strophen erfinden zu lassen: die selbsterfundenen sangen sie besonders lustbetont und stolz; sie konnten sie gleich auswendig und hätten noch mehr Anlaß gehabt, ihre Phantasie spielen zu lassen und wirksam zu machen (Abb. 1).

Dann folgte die Eingliederung der Bewegungsanteile. Der Gesang wurde mit Klatschen begleitet. Spätere Übungen mit Hilfe eines Kassettenrekorders waren weniger wirksam als die Begleitung durch Akkordeon. Schwierigkeiten bereitete auch der gleichmäßige Einsatz: Die Kinder, die Text und Melodie sicher beherrschten, sangen anderen vorweg, die nur mühsam folgten oder nachhinkten.

Wir fügten auch noch eine Einzelleistung in das Programm ein: Ein Kind konnte das Lied "Trautes Heim" aus dem Dschungelbuch-Film sicher vortragen und war

Abb. 1
Ich spiel auch Akkordeon

Abb. 2
Kinder spielen Tiere

stolz, daß wir es in das Programm aufnahmen.

Da beim Maskenbau aus Krankheitsgründen nicht alle Kinder dabei waren, gaben wir diesen Musikinstrumente, mit denen sie phantasievolle Begleitungen erfanden und in die Aufführung einfügten.

7. Schlängeln – schleichen – stampfen

Im Sportunterricht sollten spezielle Bewegungsformen der verschiedenen Tiere entwickelt und eingeübt werden: Nachahmung in doppelter Form, aber auch Forderung, eine eigene Gestaltung zu versuchen und zu entwickeln.

Einige Beispiele und Ausschnitte sollen belegen, wie das vor sich ging:

- Das beliebte Kinderspiel "Mein rechte Platz ist leer" sollte in Verbindung mit Tieren und deren Bewegungsarten gespielt werden. Beispiel: "Mein rechter Platz ist leer, ich wünsche mir Lucas als Schlange her." Nun durchquert Lucas auf dem Boden liegend in seiner Vorstellung nach typischen Schlangenbewegungen den Spielkreis und setzt sich auf den freien Platz. Das Kind, dessen rechter Platz jetzt frei war, rief den nächsten Mitspieler.
- Aus Bänken, Keulen und Stangen wurden zwei Hindernisse aufgebaut. Die Kinder sollten, in zwei Riegen aufgeteilt, sie in verschiedenen Tierbewegungsarten bewältigen. Jedes Kind konnte sich "sein" Tier selbst aussuchen.

Wir hatten geplant, den Bewegungsanteil unserer Unterrichtseinheit in diesem Sinne zu gestalten. Unserem Anspruch, Ästhetische Erziehung als ein Ganzes zu sehen, d.h. die Kunst-, Musik- und Sportanteile gleichberechtigt zur Geltung zu bringen und zu integrieren, stand die Erwartung der Kinder gegenüber, daß in den zeitlich festgelegten Hallenstunden Spiel und Sport (nach alter Vorstellung!) im Vordergrund stehen müßten. Es war für uns augenscheinlich, daß immer, wenn Turnen (an Bremer Grundschulen heißt es noch so) auf dem Stundenplan stand, die Kinder einen erhöhten Bewegungsdrang verspürten. Sie freuten sich darauf, sich in der Halle austoben zu dürfen. Unseren Versuch, die Hallenstunde einmal ausfallen zu lassen, weil der Unterricht zu diesem Zeitpunkt besser in den Klassenraum "gepaßt" hätte, wurde von den Kindern unter lautem Protest abgelehnt: "Sport macht man immer in der Turnhalle!"

Wir änderten unter diesen Bedingungen das Muster der Spiele und Übungen. Die Kinder nannten, was sie darstellen wollten, und absolvierten ihre Bahnen in dieser Zuordnung durchaus mit Variationen. Durch einfaches Schnellaufen und die Wettkampforientierung (immer schneller, wer ist am schnellsten – von den Kindern eingebracht) blieben unsere Intentionen aber erst einmal "auf der Strecke" (Abb. 2).

Wir hatten große Schwierigkeiten, den Kindern klarzumachen, daß es nicht auf Schnelligkeit und Sieg ankomme, sondern darauf, in die Rolle des Tieres zu schlüpfen und die Darstellung intensiv zu machen. Dazu kam, daß die schon eingeteilten "Tiger" und "Löwen" realistischerweise den "Schlangen" und "Bären" immer weglaufen wollten (mußten).

Zur Entlastung für uns und angepaßt an das Schema der Wünsche spielten wir die auch in dieser Klasse beliebten Hasch- und Platzsuchspiele. Sie ließen sich zuweilen auch in Tierspiele umwandeln: "Wer hat Angst vor dem wilden Tiger?" Das waren aber nur halbe Lösungen unserer eigentlichen Aufgabe.

Am besten konnten Nachahmung und Phantasie, die sicher etwas miteinander zu tun haben, sich entfalten beim Darstellen und Entwickeln der individuellen Fortbewegungsarten verschiedener Tiere. Sich wie eine Schlange zu schlängeln, wie ein Bär zu tappen, wie ein Elefant zu stampfen, wie ein Panther zu schleichen, forderte Ideen und Übung, Einfühlung und Ausdruck. Dabei ergaben sich erhebliche Unterschiede in der Art und Qualität der Ausführung der Bewegungen innerhalb der einzelnen Tiergruppe. Auch schon bei den Versuchen, wie überhaupt eine charakteristische Bewegungsart aussehen müßte, z.B. wie ein Affe geht, gingen die Vorstellungen weit auseinander. Es entstanden verschiedenartige Umsetzungen, es ging keineswegs um bloße Imitation, es zeigte sich "daß ästhetische Praxis, daß Kunst nicht die Aufgabe hat, die Wirklichkeit zu kopieren, sondern eigene Entwürfe . . . zu liefern".

8. Von der Käseschachtel zum Elefanten

Jedes Kind hatte die Aufgabe, ein Lieblingstier aus dem zuvor erarbeiteten Zusammenhang zu wählen und zu gestalten. Während der letzten Hospitationsphase hatten wir bereits von den Schülern Kartons, Knöpfe, Schachteln, Wolle, Eierpappen und beliebiges anderes Material sammeln lassen, ohne die Kinder über den genauen Zweck dieser Aktion zu informieren. Um den Kindern einen Eindruck davon zu vermitteln, was man aus den gesammelten Materialien herstellen könnte, inszenierten wir einen kleinen Auftritt, bei dem wir drei Studenten mit Masken, die wir zu einer anderen Thematik gebaut hatten, auftraten: Wir maskierten uns als Marsmenschen und betraten morgens den Klassenraum in dieser Verkleidung, spielten eine Szene vor, in die wir die Kinder einbezogen und verließen den Raum, um kurz darauf demaskiert wieder einzutreten.

Die Gestaltung der Masken mit den Kindern erforderte die Organisation einleitender Arbeitsschritte: Die Kartons mußten zuerst dem individuellen Kopf angepaßt werden, was unbedingt der Hilfe von Erwachsenen bedurfte, ebenso wie das Einschneiden der Augen- und Mundlöcher. Nach diesem Arbeitsschritt, der lediglich die Durchsicht durch den Karton ermöglichte, die Masken aber überhaupt noch nicht charakteristisch ausformte, beobachteten wir bereits, wie Kinder mit dem Aufsetzen des Kartons auf den Kopf in die Rolle des gewählten Tieres schlüpften. Während ein Kind z.B. durch den Klassenraum ging und seinen Mitschülern erzählte: "Ich bin ein Bär, ich bin ein Bär!", ahmten andere Kinder die entsprechenden Tierstimmen und -bewegungen nach, bezogen sich gegenseitig in ihre Spielszenen ein. Einher mit dem Rollenspiel ging die schrittweise Ausgestaltung des jeweiligen Tiertypus, die den Schülern selbst überlassen blieb. Aus dem gesammelten Material konnte ausgesucht werden, was für die Darstellung des einzelnen Charakters verwendbar war: So wurden aus Toilettenpapierrollen Elefantenrüssel, aus Getränkebechern Bärenschnauzen, aus Wollresten Schnurrhaare usw. (Abb. 3).

Uns fiel auf, daß die Masken durchweg der Versuch realistischer Wiedergaben der Tierarten darstellten — kein Kind hatte seine Maske von den Vorbildern völlig losgelöst oder gar eine völlig phantastische Darstellung gewählt. Demgegenüber waren erhebliche Unterschiede im Anspruch an die Ausführung zu erkennen: Einige Kinder, deren Zielvorstellung von Beginn an die Aufführung des geplanten Theaterstückes war, arbeiteten betont den Typus heraus, überprüften, überarbeiteten. Andere, denen das augenblickliche Spiel wichtiger war als ein zeitlich noch in der Ferne liegendes, gaben der Maske ein eher provisorisches Aussehen — für sie war völlig klar, ein Tiger, Affe oder Panther zu sein, der Zweck der Erkennbarkeit durch einen Betrachter war nebensächlich.

Etwa gleichzeitig mit Beginn der Maskengestaltung stellten wir den Kindern zusammengeklebte Rauhfasertapetenbahnen zur Verfügung, auf denen Kulissen für unser geplantes Theaterstück entstehen sollten. Wir hatten während der Hospitationsphase beobachtet, daß in der Klasse extreme Unterschiede im Arbeitstempo bestanden. Um Schülern, die mit dem Maskenbau schnell fertig waren, eine produktive Beschäftigung zu geben, legten wir die Tapetenbahnen auf einem freien Stück des Klassenzimmerfußbodens aus und ließen die Kinder mit Wachsstiften eigenständig daran malen. Die Kulissen wurden an vielen Ecken gleichzeitig begonnen; durch gegenseitige Absprachen der Schüler und gemeinsames Gestalten der Übergänge ergab sich am Ende aber ein Gesamtbild. Die Kinder erzählten sich während des Malens, was sie sich gerade vorstellten und stimmten sich so auf ein gemeinsames Gesamtkonzept ein. Auch beim Arbeiten an der Kulisse zeigten sich Unterschiede in der Art der Ausführung: Es gab Kinder, die ihre Zeichnung großflächig und übersichtlich anlegten, andere stellten sich auf die genaue Darstellung winziger Details ein, die für das Betrachten aus größerer Entfernung gar nicht mehr erkennbar sein würden.

Während der Anfertigung der Masken und Kulissen mit Näherrücken des Aufführungstages schienen die Kinder sich immer mehr mit ihren Rollen identifizieren zu können — es kam zusätzlich der Vorschlag eines Kindes, sich für die Szene im jeweils zum Tier passenden Farbton zu kleiden, um dem Publikum den entsprechenden Charakter noch deutlicher zu vermitteln.

9. Die Aufführung: der große Augenblick

Wir hatten von Beginn an daran gedacht, den Kindern die Darstellung ihrer Arbeiten zu ermöglichen, d.h. auch: zur Aufgabe zu machen. Außerdem sollte in der Schule und für die Eltern das Ergebnis dieses Versuchs integrierter ästhetischer Erziehung anschaulich vorgeführt werden.

Eines der Kinder hatte die Idee, die Filmgeschichte vom "Dschungelbuch" weiterzuführen. So konnten sich alle Tiere und Mogli und seine Freundin zu einem Abschiedsfest treffen. Der Gedanke wurde begeistert aufgenommen und ausgesponnen. Wir schlugen vor, eine Aufführung in der Schule und für Eltern daraus zu ma-

Abb. 3
Ausprobieren

Abb. 4
Die Vorlesung

chen. Die Kinder waren begierig, das Stück, das wir mit ihnen ausgedacht und eingeübt hatten, ihren Eltern vorzuführen.

Im Szenario der selbstgemalten Kulissen erzählten wir kurz den Inhalt des Dschungelbuchs, und eine Schülerin las den Text der weitergeführten Geschichte vor (Abb. 4).

Zwischen einzelnen Passagen sangen Kinder jeweils passende Strophen des einstudierten Liedes. Die entsprechend maskierten Schülerinnen oder Schüler traten in den rollentypischen Bewegungen der Tiere auf. Dazu spielten einige Kinder auf einfachen Instrumenten.

Wir hatten vorher drei Proben durchgeführt, die sehr unterschiedlich verlaufen waren. Jetzt folgte die Premiere in der Turnhalle. Das war der Höhe- und Schlußpunkt der Arbeit der Kinder, für uns eine erneute Probe auf das Ergebnis. Die Klassenlehrerin, unsere Mentorin, erlebte es ähnlich: Wie würden ihre Kinder sich verhalten, was würden sie "können"? Für die Schule und die Eltern war es ein besonderes Ereignis, das sie staunend und andererseits gelassen betrachten konnten.

Unser Eindruck aus dem Versuch und diesem Abschluß ist bestimmt durch die gelungene Verbindung zwischen Bild, Musik und Bewegungsformung. Im Rahmen dieser Projektarbeit hätten auch Anteile des Sprachunterrichts oder der Sachkunde einbezogen und betont werden können, wie es z.B. in der englischen Grundschule im Projektunterricht geschieht. (Vgl. KLEWITZ/MITZKAT, Entdeckendes Lernen und offener Unterricht, Braunschweig 1977)

Die Arbeit hat den Kindern Spaß gemacht, sie motiviert, zu kreativem Verhalten angeregt und sie auch in ihrem Sozialverhalten gefördert.

Uns ist allerdings auch deutlich geworden, daß die zeitlich festgelegten Stunden, besonders die "Hallenzeiten", aber auch gewisse Einschränkungen hinsichtlich Material und personeller Zusammenarbeit einen solchen Unterricht im normalen Schulbetrieb kaum zulassen. Auch die Annahme, daß die Vernachlässigung der fachlichen Lehrpläne durch neuartige Lernleistungen ausgeglichen werden könnte, bedarf weitergehender Beweise. Natürlich ist dazu nötig, daß Erprobungen über längere Zeiträume, wie sie z.B. in den wenigen Versuchsschulen oder nichtstaatlichen Schulen durchgeführt werden (z.B. Glocksee-Schule, Hannover) eine Chance bekommen. Besonders Eltern, die Verluste an möglichen und notwendigen Lernleistungen befürchten, müssen davon überzeugt werden, daß hier zugunsten eines pädagogischen Konzepts und der Zusammenführung der Künste etwas erreicht werden kann, dessen wir und die Kinder dringend bedürfen: Wechselwirkungen und Aufbau von Zusammenhängen, die für jetzige und zukünftige Lebensweltprogramme wichtig, vielleicht lebenswichtig sind.

Die Freude und Kreativität der Kinder, auch die Reaktionen der Betrachter der Aufführung, nicht zuletzt unser eigener Spaß an der Durchführung der Unterrichtseinheit haben unseren Eindruck bestärkt, daß integrierte ästhetische Erziehung gangbare Wege bietet und zu neuartigen, von uns als wichtig eingeschätzten Qualitäten und Qualifikationen führt.

Literatur

DÖBLER, E.: Kleine Spiele. Berlin 1983
FLITNER, A.: Das Kinderspiel. München 1973
KIPLING, R.: Die Dschungelbücher. München

Barbara Dido Deusser / Katja Eggert / Monika Hübner

Trommeln — Masken — tanzen

Besuch in Neu-Guinea

Unterricht in Kl. 4b, Pastorenweg, Bremen-Gröpelingen
Klassenlehrerin: Birgit Döhring
Betreuer: Klaus Matthies, Universität Bremen

"Ich suche nicht, ich finde"
(Pablo Picasso)

1. Anspruch

In diesem Bericht soll anhand von ausgewählten Ausschnitten aus dem Unterrichtsverlauf und deren Reflexion dargestellt werden, inwiefern es gelungen ist, durch Vermittlung ästhetischer Ausdrucksformen den Kindern "fremde Kultur" (Papua-Neuguinea) näherzubringen, sie über die sinnliche Wahrnehmung erfahrbar zu machen und einfühlbar vorzustellen.

Unser Ziel war nicht, umfassende Kenntnisse über Land und Leute zu vermitteln, sondern durch die sinnliche Erfahrung einer elementaren Ästhetik den Kindern Möglichkeiten anzubieten, ihre eigene ästhetische Vitalität auszudrücken und dadurch zu aktivieren.

Abb. 1
Papua-Maske

Das Finden des Schönen (entdecken, herausfinden, aufdecken) in einer "primitiven", d.h. naturverbundenen Kultur, die Herausforderung durch die Wahrnehmung des Fremden sollte sich äußern in der Nachahmung, in bildnerischer Produktion und spielerischer Interaktion. Das war gedacht als Verarbeitung erfahrener Gegensätzlichkeiten.

Dies Vorhaben, ausgerichtet auf ein Zusammenspiel aller Sinne (Auge, Ohr, Tastsinn, Geruch, Geschmack) fordert fächerübergreifenden Unterricht. Die Integration der Bereiche Kunst, Musik und Sport ermöglicht eine vielgestaltige Transformation des Wahrgenommenen und die ihr angemessene sinnliche Konzentration.

Die Ausbildung gestalterischen Formgefühls und körperlichen Ausdrucksvermögens sollte zu individuellen Einzelleistungen und zu Gemeinschaftserlebnissen führen: als Ausdruck einer menschlichen Ästhetik, als lustvolles, aber auch konzentriertes Spiel, das — in Gelingen und Versagen — zur Selbststärkung und Selbstbestimmung der einzelnen wie der Gruppe beitragen sollte.

Die Fähigkeit konzentrierter, differenzierter Wahrnehmung ermöglicht eine aufmerksame, kritische, auf eine sinngebende Deutung hin orientierte Erfahrung der Erscheinungen, die Ein-Sicht in unsere Welt. Im Anblick einer durch Abtrennungen und rationale Zwänge bestimmten Lebenswelt sollte unser Unterrichtsvorhaben ein Versuch sein, der Sinnestätigkeit ihren Anteil am Erkenntnisprozeß zu sichern und zurückzugewinnen.

Einführung

Wir begannen mit der Inszenierung einer von uns erdachten Geschichte, die wir den Kindern als Maskenspiel vorführten (Pantomime mit Musik, drei Vogelmasken: zwei weiße, eine schwarze).

Titel: *"Das Fremde, nach dem man sich sehnt und das man vertreibt".*

(1) Der erste weiße Vogel betritt mit Musik die Bühne (Spielort: im Kreis der Kinder) und setzt sich in das Nest. Mit dem Einsetzen einer Papua-Musik betritt der schwarze Vogel die Bühne, nähert sich dem Nest, umkreist den weißen Vogel, der aus seinem Nest hervorkommt. Beide nähern, betrachten sich, sind vorsichtig, ängstlich wegen der gegenseitigen Fremdheit, die sie aber auch anzieht — sie tanzen miteinander.

Der schwarze Vogel löst einen roten Schal von seiner Taille und umschlingt damit den weißen Vogel.

(2) Der zweite weiße Vogel tritt auf. Er reagiert aggressiv auf den schwarzen Vogel. Er versucht, ihn zu vertreiben, den anderen weißen Vogel für sich zu gewinnen. Der schwarze Vogel und der zweite weiße Vogel geraten in Kampf (Selbstbegleitung mit Trommel und Tamburin, Schellen). Der Kampf endet damit, daß der schwarze Vogel unterliegt und zu Boden geht.

In diesem Moment bricht die musikalische Begleitung ab. Der erste weiße Vogel tritt hinzu — tritt zu dem Sieger. Als der besiegte schwarze Vogel das sieht, verläßt er die Bühne — durchschreitet den Kreis der Kinder. Stille.

Wir fragten die Kinder, ob sie mit dem Ausgang der Geschichte einverstanden seien. Die Meinung, daß es auch anders weitergehen könne, überwog. Es fanden sich zwei Dreiergruppen, die bereit waren, mit den Masken die Geschichte weiterzuspielen. Die erste Gruppe wiederholte den von uns dargestellten Konflikt, während die zweite die Handlung in eine harmonische Familienszene umschlagen ließ.

Danach diskutierten wir über das Gesehene und sprachen auch über die Bewegungsmöglichkeiten und Schwierigkeiten, die wir und die Kinder beim Spiel mit der Maske erfahren hatten.

Wir setzten dies Stück an den Anfang, um den Kindern über den Weg der Nachahmung ästhetisch strukturierter Handlungsverläufe einen Übergang in unser Thema anzubieten.

3. Warum Papua-Neuguinea?

Dem magisch-mythisch bestimmten Weltbild der Naturvölker liegt ein uns fremd gewordenes Verständnis von Realität zugrunde. Die Struktur ihres Denkens läßt Vorgänge und Gegenstände zu, die außerhalb des sofort Erklärbaren und Klassifizierbaren angesiedelt sind. Die permanente Rückbindung an die Wildnis, der "Blick über den Zaun", ermöglicht einen (fast) selbstverständlichen Umgang mit dem Unbewußten, Irrationalen. Seine Einbeziehung, das Leben mit diesem Phänomen geschieht konfliktfrei durch die Geborgenheit im Mythos. Die Mythen sind jedoch keine abstrakte, übergestülpte Weltdeutung, sondern werden in magisch-ritueller Darstellung lebendig und wahrnehmbar gehalten. Die rituellen Handlungen ermöglichen den Menschen ein Ausleben, Entäußern ihrer emotionalen Triebkräfte. Wichtig ist das gemeinsame Erleben der Inszenierungen. Ob Geburt oder Tod, Krankheit oder Freude, immer werden die Gefühle von allen getragen und zum Ausdruck gebracht.

Bezogen auf unsere Situation mit den Kindern:

In der Grundschule verlassen sie *ihren* magisch-mythischen Bereich, ihre Welt wird entzaubert, Leistungsdruck und Rationalitätsforderungen wachsen. Für das Ausleben, Aushalten von Gefühlen bleibt kaum noch Raum. Das Leid, die Aggression, die die Kinder täglich erfahren, können nicht verarbeitet und müssen abgedrängt werden. Spontane Entäußerungen werden nicht mehr zugelassen, können nicht mehr als selbstverständlich erfahren werden. Dies führt dazu, daß sie an anderen Stellen fehlgeleitet in verstärkter Form wieder auftauchen und daß sie nicht mehr bewußt gestaltet werden können. Gefühl und Verstand sind nicht mehr eins.

4. Das Finden des Schönen

Der Besuch im Übersee-Museum sollte dem Auffinden, Entdecken, Betrachten und Beschreiben von a) Gegenständen des täglichen Gebrauchs sowie b) von Musikinstrumenten und Masken der Einwohner von Papua-Neuguinea dienen.

Um die erforderliche Konzentration in der Wahrnehmung zu erreichen, haben wir den Kindern vor ihrem Eintritt ins Museum die Aufgabenstellung erklärt und auf die in Frage kommenden Schaukästen verwiesen. Beim Aufsuchen und Betrachten der Gebrauchsgegenstände versuchten wir gemeinsam, das verwendete Material und den funktionellen Gebrauch zu bestimmen. Wir verglichen die Gegenstände mit denen, die wir täglich (z.B. zum Essen und Trinken) benutzen, und fanden im Gespräch heraus, daß sich unsere durch seriell-maschinelle Produktion bestimmten Gegenstände von diesen in Material und Form so einfach anmutenden Objekten wesentlich unterscheiden. Die Einfachheit der Geräte gefiel den Kindern, weckte ihr Interesse. Wir empfinden sie als schön, weil in sie etwas von der "Selbstfindung im Prozeß des Formens" übergegangen ist und von uns wiedererkannt werden kann: Die Spuren menschlicher handwerklicher Tätigkeit sind lesbar. Individuelle Gestaltung, persönliche Handschrift, die diese Gegenstände prägen, lassen sie – über ihre Funktion hinaus – zu Zeichen, zum Ausdruck einer Gesellschaft werden, in der Einfühlung in das Material maß- und formgebend ist. Die sensible Behandlung der natürlichen Materialien erhält deren Formqualitäten oder bringt neue dieser Art hervor. In der Kenntnis der Strukturen, in Rücksichtnahme auf das Organische entstehen sinnliche, sinnvoll schöne Gestaltungen.

Es sind sinnliche Werke der Hand für die Sinne. Das Einfühlungsvermögen, das Sicheinlassen auf das Material, dies Verhalten, welches uns in diesen Gegenständen gegenübertritt, ermöglicht sinnliche Wahrnehmung, existentiellen Mitvollzug des Gestaltungsvorgangs, Zusammenwirken von Vorstellung und Gefühl.

Daß dies alles von den Kindern erkannt wurde, wäre sicher zu optimistisch; aber in ihren aufmerksamen Beobachtungen und Fragen zeigte sich, daß bei diesen (leider auf die Augen beschränkten) Wahrnehmungserlebnissen etwas auf sie übersprang, etwas von diesem Fremden, das sie mit ihrer Welt in Verbindung bringen konnten.

5. Masken und Musikinstrumente

Diese besonderen Gegenstände, gesteigert in Ausdruck und Gestaltung, erhalten durch ihre magisch-mythische Bedeutung eine zusätzliche ästhetische Dimension.

Die Kinder entdeckten eine Vielzahl von Musikinstrumenten. Sie bestaunten die unterschiedlichen Formen der Trommeln, Flöten, Rasseln, Hölzer. Besondere Beachtung fanden die Trommeln, ganz besonders die großen Schlitztrommeln. Hier war es möglich, aktiv zu werden und die Trommeln auszuprobieren. Sie waren beeindruckt von dem enormen Klangvolumen (diese Trommeln werden u.a. zur Nachrichtenübermittlung benutzt), sie genossen das durch die Vibration entstehende Körpergefühl, das gemeinsame Spielen an einem Instrument sowie die Berührung, den haptischen Kontakt mit dem Material (ausgehöhlter Baumstamm).

Maske im Museum

"Eine Maske existiert nicht für sich allein, sie setzt andere, reale oder mögliche Masken neben sich voraus. Sie ist in erster Linie nicht das, was sie darstellt, sondern das, was sie transformiert, d.h. absichtlich nicht darstellt." (CLAUDE LEVI-STRAUSS, Der Weg der Masken, Frankfurt/M. 1977, S. 132)

Um den Kindern eine emotional und sinnlich intensive Begegnung mit den Masken zu ermöglichen, schlugen wir ihnen vor, eine Auswahl zu treffen, sich für eine Maske zu entscheiden und von dieser eine Skizze anzufertigen. Die elementar-abstrakte Gestaltung, die diesen Masken eigen ist, kam den nicht sehr ausgeprägten zeichnerischen Fähigkeiten der Kinder entgegen.

Maske im Unterricht

Das genaue Wahrnehmen der Gegenstände im Museum sollte die Kinder zu eigener Produktivität anregen. Sie sollten in den folgenden Stunden selber Masken und einfache Instrumente herstellen, die eigene Vorstellungen von diesen Gegenständen und Nachahmungen dessen, was sie im Museum gesehen hatten, sinnvoll verbinden. Und das durch den Museumsbesuch geweckte Interesse an diesen Objekten zu befriedigen und die Konzentration für das Handeln, die ästhetische Produktion, zu vertiefen, gaben wir den Kindern kurze Informationen über die kulturelle Bedeutung der Masken und Instrumente in Papua-Neuguinea. Jedes Kind erhielt ein Textblatt, das gemeinsam gelesen und besprochen wurde (Abb.).

Problematische Begriffe wie Ritual, Zeremonie oder Mythos erklärten wir anhand von Beispielen aus unserem Kulturbereich. Wir überlegten gemeinsam, wo in unserem Leben rituelle Handlungen vorkommen (z.B. Weihnachten, Ostern, Geburtstage, Hochzeit usw.). Die Kinder beteiligten sich mit regem Interesse und fühlten sich angeregt, Beispiele ritueller Gebräuche aus ihrem familiären Bereich preiszugeben. Gonscha, ein selbstbewußtes türkisches Mädchen, berichtete anschaulich über Festtagesgebräuche in ihrer Heimat; Markus, ein kritischer, empfindsamer Junge, erzählte, daß seine Eltern an Weihnachten einen Teller mit Salz, einem Pfennig und einer Kerze ans Fenster stellen. Er gebrauchte dabei das Wort "Aberglaube". Sein Beitrag wurde nicht, wie manchmal sonst, belächelt, sondern ernsthaft in die Diskussion einbezogen. Daran wurde deutlich, daß es gelungen war, Verbindungen herzustellen zwischen rituellen Handlungen aus unserer Lebenswelt und denen der fremden, geheimnisvollen Kultur. Wir erkannten auch, eine wie starke Bedeutung Ritual, Magie, Aberglaube in unserem Leben haben.

Das Gespräch über Geisterbeschwörung und Maskentänze in Papua-Neuguinea führte zu einer Diskussion über die Bewältigung von Ängsten (z.B. Alleinsein im Dunkeln) und das Feiern von Festen mit Verkleidung, das Verstecken hinter einer Maske, einem Kostüm.

Mit welchen Intentionen diese Gespräche aufgenommen wurden, zeigte sich später in der gemeinsamen Inszenierung, dem Spiel mit den selbstgebauten Masken und Instrumenten.

Wir hatten den Kindern erzählt, daß der rituelle Gebrauch der Masken in Papua-Neuguinea dazu dient, mit den Geistern (der Personifizierung, Vergegenständlichung des Unbewußten, Fremden, Angstbesetzten) in Kontakt zu treten. Daß diese

Naturvölker → Magie → Maske

Lebensraum:

Pflanzen und Tiere

Wald-Wildnis-
tropischer Regenwald

(Zauberei)
Geister
Gespenster
Dämonen

Mit Hilfe der Maske kann der Mensch den Geistern gegenübertreten.
Die Maske schützt den Menschen und gibt ihm Kraft den Geistern gegenüber zutreten.
Musik und Tanz machen die Maske lebendig.

1. Natur als Spender
für: Nahrung
Material zum Hausbau
Kleidung
Jagdgebiet

Jedes Tier und jede Pflanze besitzen eine Seele, einen Geist
→ (Naturreligion)

Dies ist der gezähmte, freundliche, nutzbar gemachte Teil der Natur
Er erhält den Menschen am Leben

→ Tiere und Pflanzen sind Lebensgefährten des Menschen
Sie bilden eine Gemeinschaft

Die Maske sieht aus wie ein Geist, und der Tänzer (Medizinmann) stellt einen Geist oder Ahnen dar.
→ Natur (Wildnis) und Mensch begegnen einander.

2. Die Wildnis
Ein Teil der Natur voller Gefahren und Unbekannten:
Wilde Tiere, giftige Pflanzen
Dunkelheit
Die Wildnis ist die Wohnung der Geister und Verstorbenen

Es gibt zahme und wilde Tiere,
gute und böse Geisten

Textblatt 1

Musik auf Neuguinea

Musik spielt eine große Rolle im alltäglichen Leben.
Sie wird gespielt bei religiösen Festen, aber auch zur Unterhaltung.
Feste feiert man bei Geburt und Tod eines Menschen, oder wenn ein Haus oder Kanu eingeweiht wird.
Während der religiösen Feste „Zeremonien" hilft die Musik beim „Anrufen" oder „Beschwichtigen" der Geister und Verstorbenen.

Zusammen mit dem „Tanz der Masken", welche Geister und Ahnen darstellen, kommt es zu einer Begegnung zwischen Mensch und Geisterwelt.
Häufig bezeichnet man die „Stimmen" der Instrumente auch als die „Stimmen der Geister"!

Das Herstellen der Instrumente erfordert großes Können und Geschicklichkeit.
Diese Arbeit wird von den "Künstlern" des Dorfes ausgeführt, die nebenbei aber auch ihr Feld bestellen und auf die Jagd gehen.
Sie werden mit Tabak oder Muschelgeld bezahlt. – Die Instrumente werden im Männerhaus aufbewahrt.

Textblatt 2

Menschen durch Selbstdarstellung (Aufsetzen der Maske) in die Rolle der Phantome ihrer Angst schlüpfen, um durch diese Verwandlung, in der sie selbst Angst einflößen, ihre Konflikte wie Schmerz, Trauer, Freude und Angst bewältigen.

Wie dies von den Kindern praktisch umgesetzt wurde, kann ich an einem Ereignis erläutern, von dem ich während eines Gesprächs mit der Mathematiklehrerin erfuhr und das mich gerade dadurch so bewegte, weil es eigenständig, ohne unser Zutun geschah: Nachdem alle Kinder ihre Masken und mehrere Musikinstrumente fertiggestellt hatten, überraschten sie eines Morgens die Mathematiklehrerin damit, daß sie, als die Lehrerin die Klasse betrat, ihre Masken bereits aufgesetzt hatten und ein Lied, das wir mit ihnen eingeübt hatten, unter Verwendung ihrer Musikinstrumente vortrugen. Sie forderten die Lehrerin auf, zu erraten, welches Kind sich unter welcher Maske verbarg.

6. Gefühle und Konflikte

Der Schaukasten

Bei unserem Museumsbesuch war eine der Aufgaben für die Kinder, den Schaukasten "NÄCHTLICHES FEST" zu betrachten (Originaltitel: Nächtliche Maskentänze vor dem Männerhaus, Szene aus dem Sepik-Gebiet / Neuguinea).

Die Anweisungen:

- Schau Dir alles genau an. Achte darauf, wo sich die einzelnen Personen befinden und was sie tun! Wo findet das Fest statt? Versuche, alles im Kopf zu behalten.
- Welche Gefühle weckt das Bild in Dir? Möchtest Du gern an dem Fest teilnehmen? Welche Rolle würdest Du gerne dabei spielen?

Die Klasse war in drei Gruppen aufgeteilt, die mit unserer Hilfe die Folge der Aufgaben bearbeiteten, darunter auch die Betrachtung des Schaukastens "Nächtliches Fest". Auf diese Weise sicherten wir, daß die Kinder einer Gruppe jeweils zugleich in den Kasten hineinsehen konnten.

Es ist eine nächtliche Festszene dargestellt, genauer: eine Initiationsfeier (feierliche Jünglings- oder Mädchenweihe bei Naturvölkern). Zwei Papua-Männer tragen ein Krokodil, das Totemtier der Dorfgemeinschaft, in die Mitte des Festortes. Im Kreis um die Krokodilträger sitzen die stammeszugehörigen Männer. Etwas seitlich versetzt im Kreis ein Feuer, an dem zwei weitere Männer stehen. Fast in der Mitte ein Tänzer, der eine Ganzkörpermaske trägt (die Masken repräsentieren meist Verstorbene aus jüngerer Vergangenheit).

Vor dem Männerhaus, das mit einer großen Giebelmaske geschmückt ist (in unserer Aufführung wird es zum Gemeinschaftshaus mit der großen Maske), sitzen vier Trommler mit ihren Instrumenten, u.a. einer großen Schlitztrommel.

Im Vordergrund sitzt ein Papua-Mann in einem Holzkahn, den Blick auf die Festszene gerichtet.

Der freie Platz geht am Rand in dunklen Urwald über mit einem Gewirr von Palmen und Bambus.

Die Szene ist fast ganz dunkel, nur schwach beleuchtet von Sternen am Nachthimmel und von dem Feuer.

Es ist eine eindrucksvolle, geheimnisvoll wirkende Darstellung in Form eines Schaukastens (eine aus dem 19. Jahrhundert überlieferte panoramaartige Darstellungsform), der durch die

Tiefe und durch die halbrunde Deckenwölbung (Himmel) eine anschauliche, erlebbare Räumlichkeit vermittelt.

Die Kinder konnten sich am besten in die Szene einfühlen durch seitliches Anlegen der Handflächen in Augenhöhe; dann fielen alle äußeren ablenkenden Sehreize weg, sie konnten in die Szene "hineingehen". Ohne weitere Aufforderung beschäftigten sie sich intensiv mit der Darstellung; Äußerungen wie "spannend, unheimlich, gruselig, feierlich, wie bei uns am Lagerfeuer ..." gaben die ersten Eindrücke wieder.

Mir fiel auf, daß alle im Flüsterton sprachen. (Bei weiteren Museumsbesuchen bemerkte ich, daß auch andere Personen beim Betrachten dieses Schaukastens die Stimme senkten.) Es wird mit dem Blick in die Dunkelheit, mit der Fremdartigkeit des Geschehens, vielleicht auch mit dem Respektieren der Handlung zu tun haben, denke ich, da der dargestellte Vorgang fremdartig-mystisch anmutet.

Die szenische Darstellung im Schaukasten löste deutlich Gefühlsregungen bei den Kindern aus. Die Ganzheitlichkeit, die Handlungsform faszinierten sie. Erst danach betrachteten sie Einzelheiten.

Nach der vorwiegend aufnehmenden Phase im Museum wurde die Aufgabe durch bildliche Produktion fortgesetzt. Die Kinder sollten die Szene aus dem Gedächtnis zu Hause malen und zeichnen. Jetzt konnten sie eigene Anteile durch Auswahl und Betonung einbringen, das zunächst phantastische Thema erweiterte sich durch individuelle reale Züge. Das zeigte sich in der Besprechung der fertigen Bilder, in der die Kinder mit deutlichem Interesse an ihrer eigenen Arbeit sprachen, auf Details eingingen und auch bereit waren, sich den Bildern anderer Kinder zuzuwenden. Sie entwickelten betrachtende Distanz, sachliches Interesse, eine neue Haltung: Bisher waren solche Besprechungen nicht als Aufgabe gestellt. Der Versuch war dem Eingehen aufeinander förderlich; deutlich war Lernen von sozialen Verhaltensweisen gefordert. Dabei blieb der Vorrang des Interesses am eigenen Bild natürlich maßgebend. Die meisten Mädchen hatten sich als Tänzerin mit oder ohne Maske in der Kreismitte dargestellt. Einige Kinder zeichneten sich als Musiker, einige als Dorfbewohner. Ein Junge sah sich als beobachtendes Wesen: als Affe auf einer Palme.

Gefühlsmäßig waren in Anspruch genommen: Lust des Betrachtens, Einfühlung in die Situation, Verwunderung und Erstaunen über das Fremde, auch Verunsicherung, Befremdetsein, Irritation, z.T. Verdrängung und Rationalisierung (spürbar in einigen "Erklärungen" von Jungen). Im Herstellen des Bildes: erneute Einfühlung, Identifikationen, Anerkennung, auch Distanzierung. Bei der Besprechung: Zu- und Abwendung angesichts der Bilder anderer Kinder (auch auf die Personen bezogen), Sicherung und Verunsicherung der eigenen Identität, Nähe und Ferne zum Thema, zu den Betrachtenden, zu den Anleitenden.

Angst vorm Tanzen

Unter dem Aspekt besonderer emotionaler Beteiligung war neben der Auseinandersetzung mit dem Schaubild auch die Einstellung der Kinder zum Tanzen für unseren Unterrichtsverlauf wichtig. War das Schaukastenerlebnis neuartig und förderlich, so stellte sich die Aufgabe des Tanzens als unvermutet konflikthaft dar.

Schwierigkeiten ergaben sich aus der Situation in den Sportstunden, in denen unsere Klasse mit einer anderen zusammengelegt war. Eine Trennung schien aus räumlichen Gründen nicht möglich, getrenntes Üben im gleichen Raum (aus Platzgründen durchaus möglich) eine Notlösung. Die Parallelklasse war mit unserem Thema natürlich nicht vertraut, auch nicht in Kürze einzuweihen. Als die Sportlehrerin im anderen Teil der Halle mit der Parallelklasse Hochsprung übte, versuchten wir mit unseren Kindern zu tanzen. Wir glaubten, daß wir trotz der Unruhe und Ablenkung das Interesse unserer Kinder auf die Papua-Musik konzentrieren und entsprechend mit ihnen Tanzformen einüben könnten. Die Papua-Musik ging unter in dem Getöse, unsere Kinder konnten nicht zuhören, schon gar nicht sich konzentrieren. Jetzt versuchten wir es mit einem einfachen deutschen Volkstanz, der beim Abschlußfest auch eine Rolle spielen sollte. Wir forderten die Kinder auf, sich anzufassen, jeweils ein Junge und ein Mädchen – das war erst einmal das Ende des Versuchs. Die Kinder weigerten sich mitzumachen; besonders die Jungen zeigten Abwehr. Sie protestierten heftig, "Tanzen sei kein Sport", das sei "Kindergarten". Schließlich gelang es doch, entgegen auch unserer eigenen Verunsicherung, den "Siebensprung" in Gang zu setzen und zu Ende zu tanzen (mit Ausnahme von drei Jungen, die konstant bei ihrer Weigerung blieben). Einige Kinder schlugen zum Schluß vor, das mit ihnen eingeübte Lied "Ugonni, gonni, sa" zu singen und dazu einen Tanz zu erfinden und zu üben. Darauf konnten sich die meisten einlassen. Sie tanzten mit ihren Masken und nutzten die selbstgebauten Instrumente zur Begleitung.

Am Tag nach dieser Stunde, die noch ganz glimpflich verlaufen schien, herrschte ausgesprochener Unmut in der Klasse. Die Kinder beschwerten sich lautstark über den blöden Sportunterricht; sie wollten nicht mehr tanzen; es sei auch viel zu wenig Zeit für die Vorbereitung der Aufführung, sie könnten (wollten?) es nicht richtig einüben. Wir waren sehr betroffen, auch resigniert. Wir merkten zunächst nicht, wieviel wir selbst zur Entstehung dieser Stimmung beigetragen hatten.

Anstelle einer geplanten Vorbesprechung für die Aufführung stellten wir auf Vorschlag unseres Betreuers in einer Diskssionsrunde der nächsten beiden Stunden die aufgekommenen Probleme (die wir selbst nicht richtig erkennen konnten) zur Debatte. Nach anfänglicher Unruhe entstand eine konzentrierte Gesprächssituatin im Kreis, in dem alle (Kinder, Studentinnen, Lehrerin, Betreuer) einbezogen waren und mitsprachen. Es war eine Art Tribunal, in dem die Kinder zunächst als Anklägerinnen und Ankläger auftraten. Das größte Problem war für sie das Tanzen, zu dem sie (vermeintlich/wirklich?) gezwungen werden sollten. Sie hatten im Sportunterricht noch nie getanzt. Tanzen gehörte für sie in den Musikunterricht. Die Jungen artikulierten, daß Tanzen für sie "Mädchensache" sei.

In den meisten Sportarten, die die Kinder kennen, dominieren die Jungen mit Körperkraft. Das vermittelt ihnen Überlegenheit und entsprechende Sicherheit (auch im Gefühl). Im Tanz trifft das nicht zu, wird anderes Gefühl, wird Gefühl anders beansprucht.

Die Jungen wollten die Mädchen auch nicht anfassen ("dann lachen gleich alle", Markus). Mögliche Bloßstellung, Schamgefühle spielten offensichtlich eine Rolle.

Die Mädchen hatten deutlich weniger Probleme damit ("die Jungs sagen immer, wir sind Angsthasen – aber die Jungs haben Angst, uns anzufassen", Gonca).

Sandra schlägt vor, daß die Jungen, die sich schämen, mit einem Mädchen zu tanzen, mit einem Jungen tanzen könnten.

Dann kam wieder der Zweifel auf, ob sie in der zur Verfügung stehenden kurzen Zeit die Vorbereitung der Aufführung überhaupt schaffen könnten.

Sie hatten Angst, sich vor den Zuschauern bloßzustellen. Sie wollten alles perfekt eingeübt haben und darstellen können. Die Bewertung von außen stand im Vordergrund: Alle Schaffensprodukte in der Schule werden bewertet, zensiert. Erst die Bewertung gibt den Produkten einen Wert; der Schaffensvorgang selbst mit "schöpferischer Konzentration und Selbstversunkenheit" wird nicht bestätigt und kann nicht als Qualität erfahren werden.

Wir konnten in dem längeren intensiven Gespräch den Kindern einen Teil ihrer Ängste nehmen. Sie fanden auch selbst Lösungsmöglichkeiten (z.B. indem sie in dem Volkstanz schwierige Schrittfolgen in einfachere umwandelten).

Nachdem die Konflikte herausgekommen, ausgesprochen und ein Stück weit gelöst, d.h. gemeinsam bearbeitet waren, empfanden alle ein Gefühl der Erleichterung. Nun war es möglich, weiter produktiv und mit Lust an der Sache zu arbeiten, bis zu der Aufführung am darauffolgenden Tag, die für alle teilnehmenden und zuschauenden Personen ein Vorgang zur rechten Zeit und am rechten Ort – und ein neues Erlebnis war.

7. Die große Nuß

Die Kinder hatten durch den Museumsbesuch erfahren, daß Kokosnüsse für die Einwohner von Papua-Neuguinea eine besonders große Bedeutung haben. Sie sind auf vielfältige Art nutzbar: als Nahrungsmittel in mehrfacher Art und als Grundmaterial für die Herstellung von Gebrauchsgegenständen und kultischen Geräten (Kellen, Schalen, Rasseln usw.).

Es stellte sich heraus, daß die meisten unserer Kinder noch nie eine Kokosnuß angefaßt oder davon gegessen hatten. Wir haben also drei Kokosnüsse mit in den Unterricht gebracht, deren Schalen (nicht das Fruchtfleisch) bereits angesägt waren.

Die Kinder – in drei Tischgruppen aufgegliedert – haben die Kokosnüsse (wie man sie hier bekommt, also aus der dicken Faserschale schon herausgelöst) in die Hand genommen und untersucht: "gewogen", abgetastet, berochen, Fasern abgezogen, gerollt, geklopft, geschüttelt.

Ausrufe: "Ist die schwer. Ist die hart. Das sind ja Haare dran. Die drei Löcher sehen aus wie ein Affengesicht."

Sie verglichen sie mit unseren kleinen dünnschaligen Nüssen, die sich verhältnismäßig leicht öffnen (knacken) lassen. Sie versuchten auch, die Fasern abzulösen: Sie hatten ja im Museum gesehen, daß die Gerätschaften glatte Oberflächen hatten.

Nachdem alle Kinder ausgiebig Sinneserfahrungen gemacht hatten, haben wir Löcher in die Kokosnüsse geschlagen, so daß die Milch sichtbar in druntergestellte Gläser heraustropfen konnte. Das nahm alle Aufmerksamkeit in Anspruch. Ein dazu vorgelesenes Papua-Märchen von der Kokosnuß konnten sie gar nicht richtig aufnehmen, zumal dann die nächste Überraschung beim Öffnen folgte: das weiße, halbharte Fruchtfleisch mit der staubbraunen Außenseite. Die Regelerfahrung mit Früchten ist ja, daß in losem Fruchtfleisch sich harte Kerne befinden (Pfirsiche, Pflaumen, Äpfel, Apfelsinen, Birnen usw.); bei der Kokosnuß schien alles anders zu sein.

Verunsicherungen ergaben sich, als die Kinder von der Kokosnußmilch probieren sollten. Zwei türkische Mädchen weigerten sich, mit anderen Kindern aus einem Glas zu trinken. Durch Drehen des Glases für einen neuen Lippenansatz ließ sich das überbrücken. Einige Kinder unternahmen nur zaghafte Schnupper- und Nippversuche. Sie wollten nicht richtig trinken, keinen richtigen Schluck nehmen. Geruch und Geschmack waren ihnen zuwider – er ist ja durch eine eigentümlich exotische Fruchtigkeit gekennzeichnet, die überlagert ist durch (unangenehm empfundene) Muffigkeit. Das gefiel nicht, war unbekannt, weckte Mißtrauen.

Ähnliche Vorbehalte gab es gegenüber dem Fruchtfleisch. Daß schließlich doch alle Kinder richtig davon probierten, lag wohl mehr daran, daß sie uns Erwachsenen trauten (wir probierten sichtbar und mit Ausdruck) und wissen wollten, wie dieser unauffällig weiße, feste, nußartige Stoff denn schmeckt.

Nachdem alle Kokosnußhälften vom Fruchtfleisch befreit waren, wobei sich Techniken des Herauslösens ausbilden konnten, begannen die Kinder, mit den Schalen zu experimentieren.

Sie rieben und schlugen die Schalen aneinander und versuchten, verschiedenartige Geräusche zu erzeugen und rhythmisch zu gliedern. Ein Mädchen wußte, daß bei der Vertonung von Filmen galoppierende Pferde mit Kokosnußschalen auf Sandsäcken (in der Wüste) oder aneinandergeschlagen (auf dem Pflaster) nachgeahmt werden.

Einige Kinder schlugen vor, aus den Schalen Instrumente herzustellen. Es entstanden Rasseln und Glocken. Zur Fertigung einer Rassel wurde eine Kokosnußschale mit einigen Körnern gefüllt, dann mit Pergamentpapier bespannt, das mit einem Band befestigt wurde. Zur Herstellung der Glocken nutzten die Kinder die in den Schalen vorhandenen Löcher, zogen ein Band hindurch und befestigten einen Metallöffel an diesem Band, so daß dieser an die Innenwand der Schale schlagen konnte.

Dieser Unterrichtsabschnitt war durch Vielgestaltigkeit sinnlicher Wahrnehmung (sehen, tasten, riechen, schmecken), überraschende Erfahrungen (es ist Milch in der Nuß, sie schmeckt nicht, das Nußfleisch kann man essen usw.) und Ansprüche an Vorstellungs- und Erfindungskraft (was man mit den halbrunden, klangkräftigen Schalen machen kann) geprägt. Das betonte zunächst die mehr sachliche Seite von Erfahrungslernen, hatte aber auch Übergänge in die Aufgaben der Inszenierung.

8. Inszenierung

Besuch in Papua-Neuguinea

Die Inszenierung war als Abschluß und Höhepunkt unserer Unterrichtseinheit gedacht. Die Kinder sollten die Möglichkeit haben, das bisher Erlebte und Erkannte und die von ihnen hergestellten Masken und Instrumente zu zeigen, zur Darstellung zu bringen. Den szenischen Ablauf der Handlungen hatten wir besprochen, die Verteilung der Rollen gemeinsam vorgenommen. Anschließend wurden die Requisiten und die Kostüme hergestellt. In kürzester Zeit entstanden Palmen, Baströcke, Muschelschmuck und die große Maske für das Gemeinschaftshaus, das den Mittelpunkt des Geschehens bilden sollte.

Dann begannen die Proben. Spieler und Spielerinnen bildeten zwei Gruppen:

- die deutsche Familie, die die Inselbewohner besucht,
- die Papua-Familie, die ihren Besuch erwartet.

Wir hatten zwei Hauptrollen vorgesehen: Ein Papua-Mädchen und ihre deutsche Freundin sollten die Familien bekanntmachen. Ihre Freundschaft war der Berührungspunkt zwischen den einander fremden Welten.

Die Aufführung sollte damit beginnen, daß eine von uns Studentinnen die Eingeladenen begrüßte (Parallelklassen, Eltern, Lehrkräfte) und eine kurze Einführung in den Zusammenhang gab. Ferner hatten wir uns kurzfristig entschlossen, in den Szenen selbst mitzuspielen, sie mit einigen Worten einzuleiten; denn während der Proben hatten wir gemerkt, daß der Handlungsverlauf den Kindern manchmal aus der Hand glitt. Sie sollten sich sicherer fühlen dadurch, daß wir dabei waren. Und wir sahen die Möglichkeit, helfend und variierend mitzuwirken und den Ablauf des Ganzen im Zusammenhang zu sichern. Schließlich schien uns selbst unsere Teilnahme in der Darstellung des Themas von Belang. Auf keinen Fall wollten wir dirigierend "von außen" eingreifen, sondern lieber in der Mitwirkung an den Aufgaben der Aufführung teilhaben.

1. Szene

Die deutsche Familie erreicht in einem Boot den Strand der Südseeinsel. Sie springen vom Boot ins Wasser und schwimmen das letzte Stück an Land.

Diese kurze Szene kam durch die intensiven Körperbewegungen am Boden eindrucksvoll zur Geltung. So entstand gleich am Beginn Aufmerksamkeit und Neugier beim Publikum.

2. Szene

Die beiden fremden Welten stehen sich gegenüber – schauen sich an. Das Papua-Mädchen tritt jetzt aus ihrer Gruppe heraus, begrüßt ihre deutsche Freundin und stellt die anderen Papuas vor, die sich bisher noch zaghaft im Hintergrund hielten.

Dann folgt die Vorstellung der Besucher durch das deutsche Mädchen. Jetzt ist es Zeit, die Geschenke auszutauschen. Die hellhäutigen Besucher haben Plastikartikel mitgebracht, die sie als besondere Errungenschaften der Zivilisation preisen und die von den Papuas mächtig be-

Abb. 2
Die Kinder beim Herstellen der "Großmaske"

Abb. 3
Die Kinder proben das "An-Land-Schwimmen"

staunt werden.

Als Gegengabe überreichen diese Kokosnüsse, die die Beschenkten entzückt, aber etwas hilflos in den Händen halten.

3. Szene

Den Gästen wird das Dorf gezeigt. Der zentrale Punkt ist dabei das Vorzeigen und Erklären des Gemeinschaftshauses, dessen höhlenartiger, behaglicher Charakter und die daran aufgehängte große, eindrucksvolle Maske den Kindern von Anfang an sehr wichtig war.

Bei der Entwicklung der Spielszenen haben sie auf einem darauf zielenden Frage-Antwort-Spiel bestanden und dadurch dieser Szene besonderes Gewicht gegeben. Der Anblick des Gemeinschaftshauses mit der großen Maske war die zentrale "Gesichtssinnes-Erfahrung" im Spielganzen.

4. Szene

Zur Belohnung für alle diese Mühen wird ein Fest gefeiert. Es kommt zur Aufführung eines rituellen Maskentanzes um die Feuerstelle herum. Die gebauten Rasseln und Trommeln kommen zum Einsatz. Tänzer und Tänzerinnen singen "Ugonni, gonni, sa". Von diesem Schauspiel angeregt, möchte sich die deutsche Familie mit einem norddeutschen Tanz erkenntlich zeigen. Aber schon nach den ersten Takten dieser fremden Musik kommen vier Geister – von dieser ungewöhnlichen Erscheinung geweckt und verärgert – aus dem Busch hervorgesprungen und jagen den ahnungslosen Tänzern und Tänzerinnen einen mächtigen Schrecken ein. Alles rennt und flüchtet.

Die Papuas aber, mit ihren Geistern vertraut, beruhigen diese; und jetzt tanzen alle gemeinsam um das Feuer.

Von den Aufregungen müde und hungrig geworden, beenden wir unser Abenteuer mit einem gemeinsamen Mahl. Papuas und Deutsche, Geister und Gäste essen den köstlichen Sago-Pudding, den wir in Kokosschalen servieren. Vorher gab es natürlich Applaus für die Darsteller und Darstellerinnen, die nun sichtlich erleichtert, aber auch ein wenig stolz und zufrieden sind.

9. Resümee

Wir haben in unserem Unterrichtsvorhaben vieles, was wir uns überlegt hatten, nicht realisieren können, manches ist uns mißlungen oder mußte weggelassen werden. In den Augenblicken des Scheiterns waren wir und die Kinder gezwungen, Vorstellungen aufzugeben, Neues zu finden und miteinander andere Lösungsmöglichkeiten zu entwickeln. Das waren zentrale Punkte; von ihnen gingen die eigentlichen Lern- und Erfahrungsprozesse aus.

Unser Versuch, durch Herausforderung der sinnlichen Wahrnehmung das Zusammenwirken von Körperlichkeit, Empfindung, Gefühl und rationalem Denken wiederherzustellen, löste Konflikte aus, an denen wir alle emotional beteiligt waren. Deren Lösungen und die daraus entstandenen Erfolgs- und Erleichterungsmomente zeigten uns, daß wir etwas Richtiges wollten, daß wir Bedürfnisse angesprochen hatten, deren permanentes Vorhandensein nur zu gern – aus Angst vor Konflikten

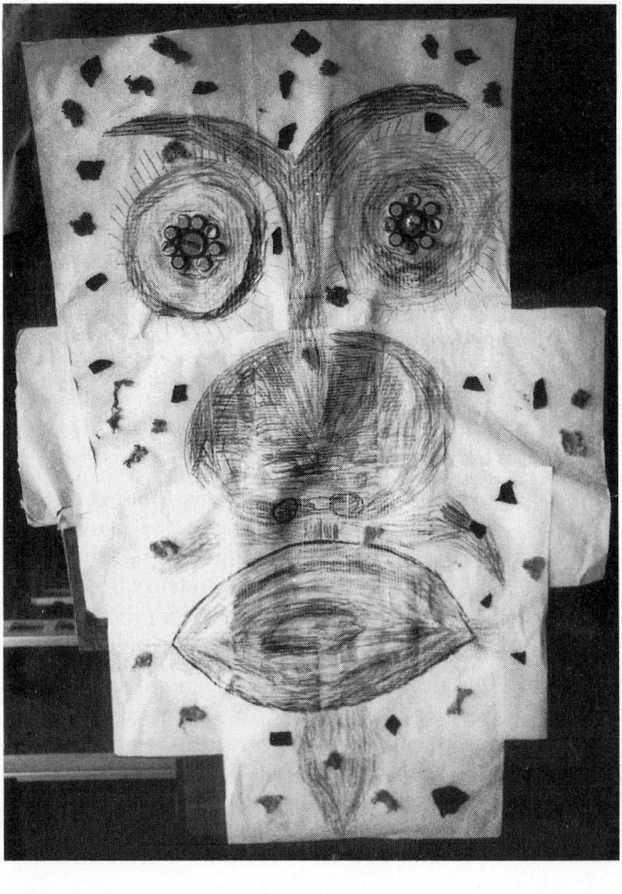

Abb. 4
Die "Großmaske" für das Gemeinschaftshaus, von vielen Kindern in gemeinsamer Arbeit hergestellt

Abb. 5
Hinter den Palmen warten die Geister.

Abb. 6
Gemeinsamer Tanz um die Feuerstelle

Abb. 7
Die Papua-Familie tanzt und singt.

und Nichterreichen von Lernzielen – aus dem Unterricht und damit aus einem wichtigen Teil des Lebens der Kinder, der Lehrkräfte und der Eltern verdrängt wird. An schwierigen Punkten betraf es uns auch selber, bis uns die Kinder zu spüren gaben oder wir selbst im nachhinein darauf kamen, daß wir das Wichtigste, was wir uns als Aufgabe gesetzt hatten, versäumten.

"Wir müssen uns vergegenwärtigen, daß nicht nur reale Dinge und Körper schön sind, sondern auch Aktionen, Verhaltensweisen, Zustände und Werke des Menschen, wenn diese im Hinblick auf die eigene Vollendung – im Hinblick auf die eigene Praxis, angewendet werden." (ERNESTO GRASSI, Die Theorie des Schönen in der Antike, Köln 1962, S. 73 – 75)

Literatur

Zitatnachweis:
LEVI-STRAUSS, C.: Der Weg der Masken, Frankfurt 1977
GRASSI, E.: Theorie des Schönen, Köln 1962

Zur Vertiefung des angeschnittenen Themas zu empfehlen:
DUERR, H.P.: Traumzeit, Frankfurt 1978
LEIRIS, M.: Das Auge des Ethnographen, Frankfurt 1981
Melanesien, Ausstellungskatalog, Württembergischer Kunstverein, Stuttgart 1977
CAILLOIS, R.: Die Spiele und die Menschen, Frankfurt 1982
GRASSI, E.: Die Macht der Phantasie, Königstein/Ts. 1979
ELIADE, M.: Schamanismus und archaische Ekstasetechnik, Frankfurt 1982
WORRINGER, W.: Abstraktion und Einfühlung, München 1959

Abb. 8
Maskendarstellungen der Kinder

An den Arbeitskreis Grundschule
– Der Grundschulverband – e.V.
Postfach 900148
60441 Frankfurt (Main)

Beitrittserklärung

Hiermit trete ich dem Arbeitskreis Grundschule – Der Grundschulverband – e. V. bei als:

☐ Einzelmitglied, (Jahreslieferung: 3–4 Mitgliederbände) — Jahresbeitrag: 66,– DM
- ☐ Lehramtsanwärter/in, Teilzeitbeschäftigte/r — Jahresbeitrag: 50,– DM
- ☐ Studierende/r, Arbeitslose/r — Jahresbeitrag: 33,– DM

☐ Korporatives Mitglied (Schulen, Institutionen, Einzelpersonen)
(Jahreslieferung: Mitgliederbände und 1–2 Sonderbände über die eine Bücherrechnung ausgestellt wird) — Jahresbeitrag: 80,– DM

______________________ (Name)

______________________ (PLZ u. Ort)

______________________ (Straße u. Hausnr.)

______________________ (Datum u. Unterschrift)

Sie erhalten nach Zahlung Ihres Beitrags

- die Mitglieder-Zeitschrift „Arbeitskreis aktuell“ (4 mal im Jahr)
- die Jahres-Mitgliederbände
- die Satzung des AKG
- Informationen und Veröffentlichungsverzeichnis

Aus buchungstechnischen Gründen bitten wir Sie, die Rechnung abzuwarten, auf der wir Ihnen die Mitgliedsnummer und die Bankverbindung mitteilen.

Einzelmitglieder aus den neuen Bundesländern zahlen bis einschließlich 1995 einen ermäßigten Jahresbeitrag: Statt DM 66,– nur DM 50,–.

Für Ihren Beitritt zum Arbeitskreis Grundschule e.V. halten wir folgendes Werbeangebot für Sie bereit: (bitte **nur eine** der beiden Möglichkeiten ankreuzen!)

☐ Als neues Mitglied im Arbeitskreis Grundschule wünsche ich mir den Band .... als Aufnahmegeschenk.

☐ Oben genanntes Mitglied habe ich für den Arbeitskreis Grundschule geworben. Als Werbeprämie senden Sie bitte den Band .... an folgende Anschrift:

______________________ (Name)

______________________ (PLZ und Ort)

______________________ (Straße und Hausnummer)

______________________ (Datum und Unterschrift)

Beiträge zur Reform der Grundschule

Schriftenreihe des Arbeitskreises Grundschule – Der Grundschulverband – e.V.
Begründet von Erwin Schwartz, fortgeführt von Dieter Haarmann
Herausgeber: Rudolf Schmitt, Renate Valtin, im Auftrage des Vorstandes des Arbeitskreises Grundschule – Der Grundschulverband – e.V.

Lieferbare Bände

Mitgliederbände:

40/41 Wieviel Ecken hat unsere Schule – Teil I Klassenzimmer als Lernort und Erfahrungsraum
42 Wieviel Ecken hat unsere Schule – Teil II Schulhaus – Schulhof – Schulanlage
43/44 Die Grundschule der 80er Jahre (Bilanz/Perspektiven)
45 Lernorte außerhalb des Klassenzimmers Teil I
49 Lernorte außerhalb des Klassenzimmers Teil II
54 Auf dem Weg zum differenzierten Schulalltag
55 Wandertag – Klassenfahrt – Schullandheim
56/57 Rechtschreiben in den Klassen 1–6
58/59 Gemeinsam leben – gemeinsam lernen Behinderte Kinder in der Grundschule
60 Kinder finden zu sich selbst Disziplin, Stille und Erfahrung im Unterricht
61/62 Frauen machen Schule
63 Arithmetik für Kinder
64 Fibeln und Erstlesewerke '85
66 Schulbücher im Sachunterricht
67/68 Schreiben ist wichtig
69 Ästhetische Erziehung in der Grundschule
70 Sexualerziehung in der Grundschule
71 Umwelterziehung
72 Gestalten mit Schrift
73 Kinder kommen zur Schule
74 Interkulturelles Lernen
75 Veränderte Kindheit – veränderte Grundschule
76 Lyrik für Kinder – gestalten und aneignen
77 Übergänge nach der Grundschule
78 Alltag im offenen Unterricht
79/80 Kinder heute – Herausforderung für die Schule
81 Theater macht Schule – Schule macht Theater
82 6jährige Grundschule
83/84 Grundschule in Europa – Europa in der Grundschule
85 Bewegung, Spiel und Sport in der Grundschule
86 Die ersten Wochen in der Schule
87 Leistung der Schule – Leistung der Kinder
88/89 Wohnortnahe Integration
90 MädchenStärken
91 Lernwerkstätten
92/93 Religion in der Grundschule
94 Lehrerbildung

Sonderbände

S 25/26 Grundschule – Kinderschule oder Vorschule der Wissenschaft
S 36 Schrift und Schreiben (Bibliographie)
S 41 Rolle des Schulleiters – Kooperation*
S 43 Schulleben u. Schulgemeinde*
S 45 Entlastungsstrategien f. Schulleiter*
S 47 Gesundheitserziehung
S 48 Förderung ausländischer Kinder*
S 49 Einführung in die Vereinfachte Ausgangsschrift*
S 50 Auf dem Weg zu einem schuleigenen pädagogischen Konzept*
S 51 Die kleine Grundschule*
S 52 Die Ganze Halbtagsschule*
S 53 Fremde Sprachen i.d. Grundschule*
S 54 Grundschule u. Bibliothek
S 55 Fördern und Förderunterricht

* Schulleiter-Reihe „Mehr gestalten als verwalten"

Außerhalb der Reihen

Sammelband: Dritte Welt in der Grundschule
Aminatas Entdeckung (Kinderbuch)

Arbeitskreis Grundschule – Der Grundschulverband – e.V.
Postfach 900148 60441 Frankfurt/M.